"十三五"国家重点出版物出版规划项目

 转型时代的中国财经战略论丛 ◢

异质性服务企业
出口、FDI与外包选择研究

陈景华　著

中国财经出版传媒集团

 经济科学出版社
Economic Science Press

图书在版编目（CIP）数据

异质性服务企业出口、FDI 与外包选择研究/陈景华著.
—北京：经济科学出版社，2017.12
（转型时代的中国财经战略论丛）
ISBN 978 – 7 – 5141 – 8653 – 6

Ⅰ.①异…　Ⅱ.①陈…　Ⅲ.①服务业 – 外商直接投资 –
研究　Ⅳ.①F719

中国版本图书馆 CIP 数据核字（2017）第 281466 号

责任编辑：于海汛　李一心
责任校对：靳玉环
责任印制：潘泽新

异质性服务企业出口、FDI 与外包选择研究
陈景华　著
经济科学出版社出版、发行　新华书店经销
社址：北京市海淀区阜成路甲 28 号　邮编：100142
总编部电话：010 – 88191217　发行部电话：010 – 88191522
网址：www. esp. com. cn
电子邮件：esp@ esp. com. cn
天猫网店：经济科学出版社旗舰店
网址：http://jjkxcbs. tmall. com
固安华明印业有限公司印装
710 × 1000　16 开　11.75 印张　180000 字
2017 年 12 月第 1 版　2017 年 12 月第 1 次印刷
ISBN 978 – 7 – 5141 – 8653 – 6　定价：29.00 元
（图书出现印装问题，本社负责调换。电话：010 – 88191510）
（版权所有　侵权必究　举报电话：010 – 88191586
电子邮箱：dbts@esp. com. cn）

总　序

　　《转型时代的中国财经战略论丛》（以下简称《论丛》）是山东财经大学"特色名校工程"建设的特色项目和重要成果，也是经济科学出版社与山东财经大学合作推出的系列学术专著出版计划的一部分，更是山东财经大学近年来致力于学术兴校战略一批青年学者在经济和管理研究方面的部分成果汇报。

　　山东财经大学是一所办学历史悠久、财经特色鲜明、综合实力突出，在国内外有一定影响的普通高等财经院校。学校于 2011 年由原山东经济学院和原山东财政学院合并组建而成。2012 年成功实现财政部、教育部、山东省人民政府三方共建。2013 年获得博士学位授予权，并入选山东省"省部共建人才培养特色名校立项建设单位"。山东财经大学还是中俄经济类大学联盟创始高校之一、中国财政发展 2011 协同创新中心和中国会计改革与发展 2011 协同创新理事单位。学校的发展为教师从事科学研究创造了良好环境和宽广平台。近年来，学校以建设全国一流财经特色名校为目标，深入实施"特色名校工程"，大力推进改革创新，学校发展平台拓宽，办学层次提高，综合实力增强，社会声誉提升，学校进入了内涵发展的新阶段。为推进"特色名校工程"建设，学校修订了科研成果认定和奖励制度，完善了科研评价与激励机制，同时实行"优秀青年人才特殊支持计划"和"青年教师境外研修计划"等，为青年教师脱颖而出和学术成长提供了政策保障。

　　随着经济全球化、区域一体化、文化多样化深入发展，新一轮科技革命和产业变革蓄势待发，我国经济发展进入新常态，但发展方式粗放、创新能力不强、资源环境约束加大等不平衡、不协调、不可持续问题依然突出，迫切需要更多依靠创新驱动谋求转型发展的出路。为了应对当今世界的深刻变革，我国启动了"双一流"建设，对财经学科发展提出了严峻挑战，同时又面临难得的机遇。作为以经管学科为主的财经类大学，如何坚持科研服务社会、服务人才培养的方向，主动适应实施创新驱动战略的要求，自觉对接国家和区域重大战略需求，充分发挥在经济和管理研究领域的优势，为国家和区域经济社会发展提供更大智力支持、培养更多高质量人才，一直是财经类大学更好履行使命的重要职责。《论丛》的出版，从某种程度上应和了这种趋势和需求，同时，展现了山东财经大学"特色名校工程"的建设成效和进展，对激励学者潜心研究、促进学术繁荣发展、加强对外学术交流和扩大学校社会影响具有重要推动作用。

作为山东财经大学从事财经教育和人文社科研究的青年学者，都要积极应对和研究时代赋予的重大命题，以求是创新的精神风貌，遵循科研规律，坚持教研相长，长于独立思考，善于团结协作，耐得住寂寞，放得下功利，才能不断推进学术创新，勇攀科学高峰，孕育无愧于时代的精品力作，努力成为社会科学创新的新生力量。

《论丛》的出版凝结了山东财经大学青年学者的心血和汗水，尽管可能存在一些不足，但是正如哲人所言"良好的开端就成功了一半"。相信只要青年学者们持之以恒，不辍耕耘，必能结出更加丰硕的成果。伴随着中国经济发展、改革和转型步伐的加快，我们期待着有更多更好的学术成果问世！真诚欢迎专家、同行和广大读者批评指正。

山东财经大学校长

2016 年 5 月 17 日

前　言

　　服务业的国际化对一个融入全球经济的发展中经济体具有重要意义。《中国服务业发展报告 2012》中指出，经济体成熟的一个重要的标准就是服务业占比不断提高。《中国服务业发展报告 2013》中指出，服务业早在 2011 年就是劳动就业的第一大部门，2011 年、2012 年连续两年服务业利用外资都超过了制造业。服务经济在国民经济和社会发展中正发挥着越来越重要的作用。全球化正在深化，一个国家或经济体的服务业能够广泛而深入地参与到全球化的进程中，对该国服务业发展水平的提高至关重要。在服务业全球化程度日益加深的背景下，中国服务业参与全球化是中国经济发展转方式调结构的必然选择。从服务贸易、服务业 FDI 以及服务业外包三个重要指标看，中国与世界先进水平还有一定的差距，但也体现出中国巨大的发展潜力。在这样的现实背景下，中国服务业参与全球化的问题得到政府和学术界的广泛关注。

　　异质性企业贸易理论也称为新新贸易理论，是目前和未来研究国际贸易以及国际投资问题的主导方向和趋势，但该理论体系还不够完善，需要进一步地扩展研究领域和研究对象。然而从现有文献看，大多数的国内外文献都是研究制造业的异质性企业参与国际贸易和国际投资活动。主要研究论题是异质性制造企业的国际化路径选择，以及参与国际化的不同生产率水平的企业内生边界的确定。在全球经济转向服务业的发展背景下，将异质性企业贸易理论关于企业异质性的假定延伸到对服务企业的研究中，研究异质性服务企业参与国际市场的模式选择，以及全球安排生产活动的组织模式选择，这无疑具有重大的理论意义和现实意义。当前我国要促进服务业发展，进一步扩大服务业开放，拓宽和深化我国参与全球分工的产业链，提升我国在全球分工体系的地位，建立新型开放体系。在异质性企业贸易理论的指导下，将理论和实证研究进一步扩展，研究我国服务企业是否应该"走出去"，通过什么方式"走出去"，以及哪些企业应该首先"走出去"，能否以更大规模更高水平参与全球服务业分工体系，对我们有至关重要的理论和现实意义。本书主要在异质性企业贸易理论的基本假设下，研究异质性服务企业参与国际市场时出口与 FDI 两种模式的选择；当服务企业在全球安排生产活动时 FDI 与外包的选择；在服务企业以 FDI 的模式参与国际市场时，绿地投资与跨国并购的选择问题。

本书采用文献梳理、理论模型构建、比较研究、计量分析等方法，研究企业异质性视角下，服务企业出口、FDI 与外包的选择，得出如下结论。

第一，以制造业企业为研究对象的异质性企业贸易理论基本上适用于对异质性服务企业国际贸易和国际投资行为的研究。在假设企业已经明确自身的生产率水平且服务产品都是异质的条件下，生产率较高的服务企业会开展 FDI；生产率次高的企业会选择服务贸易出口；生产率最低的企业在供应国内市场。由于模型中假设企业对自身生产率状况是明确的，因此不存在企业退出市场的选择。

第二，企业生产率差异是决定服务贸易出口和服务业 FDI 选择的重要因素，但不是唯一因素；发展中国家的服务业 OFDI 呈现出与发达国家不同的特征。利用中国服务业分行业面板数据，可以验证生产率差异对服务企业不同国际市场进入模式选择的影响。

第三，要素密集度不同的服务行业，服务业跨国公司对

FDI 和离岸外包的组织模式选择不同。在契约不完全的情况下，企业生产率的差异能够影响企业 FDI 与外包组织模式的选择，资本密集型行业中，高生产率的企业选择 FDI 的组织模式；而生产率较低的企业选择离岸外包的组织模式。

第四，在服务业各行业中，由于企业流动能力在不同行业中的表现不同，从而不同行业的服务业跨国公司对绿地投资和跨国并购的选择不同。在研发技术密集型行业，效率（生产率）较高的企业会选择跨国并购，而效率（生产率）相对较低的企业会选择绿地投资；而在人力资本密集型行业和广告营销密集型行业，效率（生产率）较高的企业会选择绿地投资，而效率（生产率）较低的企业会选择跨国并购。

本书包括 6 章内容，其基本结构和主要内容如下：第 1 章为导论，主要阐述本书的研究背景和研究意义，研究方法和主要研究内容，以及主要创新点等。第 2 章为相关文献研究述评。梳理了异质性企业国际市场进入模式和国际生产组织模式选择的理论和实证分析，以及服务业参与国际化的理论和实证研究，指出当前异质性企业贸易理论没有扩展到服务领域，引出本书研究的出发点。第 3 章为异质性服务企业国际市场进入模式的选择：出口与 FDI。在赫尔普曼等（Helpman et al.，2004）的理论框架基础上，得出异质性服务企业出口与 FDI 选择的条件，然后利用服务业行业和企业的数据进行实证检验。第 4 章为异质性服务企业国际生产组织模式的选择：FDI 与外包。在安特拉斯和赫尔普曼（Antras and Helpman，2004）的理论框架基础上，得出异质性服务企业 FDI 与外包选择的条件，然后利用中国各地区承接服务外包规模以及各地区的契约不完全程度，从侧面检验影响服务企业 FDI 与外包选择的影响因素。第 5 章为异质性服务企业 FDI 进入模式的选择：绿地投资与跨国并购。在诺科和耶普尔（Nocke and Yeaple，2007）的理论框架基础上，得出异质性服务企业绿地投资与跨国并购的选择条件，然后利用全球服务业内部各个行业中跨国并购与绿地投资的比较分析，得出要素密集度不同的行业的企业倾向于不同的选择。第 6 章为结论及政策建议。

相对于已有文献，本书尝试在以下方面进行探索性研究：

第一，将异质性企业贸易理论的经典模型应用到异质性服务企业出口与 FDI 选择的研究上，发现生产率表示的企业异质性是企业服务贸易出口和服务业 FDI 选择的重要决定影响。利用中国服务业行业层面和全球最大的服务业跨国公司企业层面的数据对理论进行验证；将企业异质性与国际投资的 OLI 范式相结合，找出影响中国服务企业服务贸易出口和服务业 OFDI 的重要影响因素。

第二，对异质性企业国际生产组织模式选择的模型进行修正，建立适用于异质性服务企业 FDI 与外包选择的模型。得出在契约不完全的条件下，不同的服务行业由于核心服务的密集程度不同，导致对剩余所有权的控制能力不同，使得企业对 FDI 和离岸外包的选择不同。在经验分析中，从中国作为服务外包承接国的角度侧面检验了契约不完全对跨国公司离岸外包行为的影响，得出契约不完全的程度越低，跨国公司越倾向于选择外包的组织模式。

第三，对异质性企业的 FDI 进入模式选择模型进行调整和修正，用以解释异质性服务企业绿地投资和跨国并购的行为选择。得出要素密集度不同的服务行业中，企业对绿地投资和跨国并购的选择不同。在经验分析中，利用全球服务业跨国并购和绿地投资的数据，通过对比和定量分析，得出不同行业中跨国公司有不同的选择，并总结出一般性的结论，与理论分析的结果基本一致。

目 录

3

第1章 导　论

1.1　研究背景

从现实背景来看，2004 年世界投资报告《转向服务业》指出，在所有区域，外国直接投资的构成都转向了服务业，其中并购和非股权安排成为最常见的进入方式；服务业离岸外移（包括自营式外移和离岸外包）虽属于一种较新的现象，但越来越普遍；各国正在按照发展目标逐渐向服务业外国直接投资开放并积极争取它。[①] 2006 年世界投资报告《来自发展中经济体和转型经济体的外国直接投资：对发展的影响》中指出，外国直接投资大多流入服务业，服务业在跨国投资中占有支配地位，同时制造业的份额进一步急剧下跌。服务业尤其是金融、电信、房地产等行业从外国直接投资的迅猛增长中获益最大。发展中经济体和转型期经济体开始成为重要的外向投资来源。从部门角度看，来自发展中经济体和转型期经济体的外国直接投资大部分在第三产业中，尤其是工商、金融和贸易方面的服务。发展中国家服务业的跨国公司以特有的竞争优势（网络和关系构成的主要优势）应对全球化的威胁和机会。外向直接投资对于母国的最重要的潜在收益是有关企业和产业的竞争力和绩效得到提高。[②] 2011 年世界投资报告《国际生产体系中的非股权经营模式》中指出发展中和转型期经济体吸引的直接外资流量首次达到全球总流量的一半以上，这些经济体的直接外资流出量也达到历史最

---

① UNCTAD（2004）. World Investment Report：The Shift Towards Services.

② UNCTAD（2006）. World Investment Report：FDI from Developing and Transition Economies：Implications for Development.

高值，大部分投资面向其他南方国家。相形之下，发达国家的直接外资流入量依旧在下滑。当今世界，旨在加强发展中经济体融入全球价值链的政策必须将目光超越直接外资和贸易。政策制定者需要考虑国际生产的非股权形式，例如合约制造、服务外包、订单农业、特许经营、许可经营、管理合约及其他类型的合约关系，跨国公司通过这些关系协调东道国公司的业务活动，而不拥有其股份。世界范围内的跨境非股权形式活动意义重大，对于发展中国家尤为重要。2009 年非股权安排产生的销售额超过了 2 万亿美元。合约制造和服务外包占 1.1 万亿 ~1.3 万亿美元，特许经营为 3300 亿 ~3500 亿美元，许可经营为 3400 亿 ~3600 亿美元，管理合约为 1000 亿美元左右。大多数情况下，非股权形式的发展速度超过了其所在产业的发展速度。非股权形式能够产生相当大的发展效益，某些经济体中由此产生的增值可达到 GDP 的 15%。几个产业中，非股权形式的出口占全球出口总额的 70% ~80%。总而言之，通过传播技术和发展国内企业及帮助发展中国家进入全球价值链等方式，非股权形式可以增强生产能力，进而支持长期的产业发展。①

根据这几年的世界投资报告，可以看出服务业的国际化对一个融入全球经济的发展中经济体的重要意义。《中国服务业发展报告 2012》中指出，经济体成熟的一个重要的标准就是服务业的占比不断提高。《中国服务业发展报告 2013》中指出，2013 年第一季度，中国服务业增加值已经超过工业成为 GDP 的最大贡献者，2011 年、2012 年连续两年服务业利用外资都超过了制造业。虽然不能因此断定中国已经迈入"服务经济时代"，但至少可以肯定，服务经济在国民经济和社会发展中正发挥着越来越重要的作用。从整个世界经济来看，全球服务业经济占比接近达到 70%，而全球服务贸易占全部贸易总额的 1/5 以上，全球服务业跨国投资占比达到将近 2/3。从中国经济结构来看，2012 年服务业增加值为 231406.5 亿元，占全国 GDP 的总量达到 44.6%，比 2011 年增加 1.5 个百分点；服务业对经济增长的贡献率达到 45.6%，与工业贡献率 48.7% 的差距进一步缩小；2012 年中国服务业吸纳就业 2.8 亿人次，占比达到 36.1%，仍然是我国吸纳就业最大的部门。

---

① UNCTAD (2011). World Investment Report: Non – Equity Modes of International Production and Dvelopment.

　　具体从服务贸易、服务业 FDI 以及服务业外包三个重要指标看,中国与世界先进水平还有一定的差距,但也体现出中国巨大的发展潜力。第一,服务贸易在贸易总量中的比重偏低。2012 年,中国服务贸易进出口总额达 4706 亿美元,比 2011 年增长 12.3%,占全国对外贸易进出口总额的比例为 10.8%,低于世界平均水平 8 个百分点,与我国在全球贸易中的地位不相符。同时,中国服务贸易总额占全球服务贸易总额的比重为 5.57%。其中出口 1904 亿美元,占全球的比重是 4.4%;进口 2801 亿美元,占全球的比重为 6.8%。但是从服务贸易增速来看,2012 年中国服务贸易增速达到 12.3%,明显高于货物贸易 6%的增速,且近 5 年的平均增速也大大高于货物贸易,发展潜力很大。第二,虽然服务业在中国 OFDI 中占有优势地位,但是从全球角度看,规模小、比重低。2011 年中国服务业 OFDI 流量和存量分别占全国 OFDI 流量和存量的比例为 65.4%和 73.5%。但是服务业 OFDI 的数量较少,占全球服务业 FDI 的比重很低。2011 年中国 OFDI 分别占全球当年流量和存量的 4.4%和 2.0%,服务业 OFDI 只占全球服务业 FDI 流量的 6.17%。从引进服务业外资的角度来看,2012 年我国实际利用外资 1117.2 亿美元,其中服务业利用外资 572 亿美元,制造业利用外资 488.7 亿美元,2011 年后服务业连续两年超过制造业成为利用外资最多的领域。2013 年前三季度,我国服务业实际利用外资金额 447 亿美元,同比增长 13.28%,占比上升至 50.50%。服务业利用外资的快速增长,能够提高我国服务业以及服务贸易的竞争力。第三,中国已经成为服务外包重要的承接国之一,服务外包发展迅速。发展中国家要积极参与服务业全球分工,承接离岸服务外包是最有效的途径之一。我国承接服务外包呈现出强劲的增长态势,2006 年中国占有的离岸外包市场份额为 12%,而印度所拥有的市场份额为 43%,中国服务外包行业的整体规模仍然有限。2011 年,中国承接离岸服务外包合同执行金额 238.3 亿美元,同比增长 65.0%,占全球离岸市场比重为 23.2%,比 2010 年提高 6.3%,服务外包产业国际市场份额进一步扩大。但和印度 2010 年的 500 多亿美元相比,还有很大的差距。2012 年我国承接离岸服务外包执行金额 336.4 亿美元,同比增长 41.1%,占全球离岸外包市场的份额为 27.7%,中国已经成为世界第二大服务外包承接国。

在这样的现实背景下，中国服务业参与全球化的问题得到政府和学术界的广泛关注。政府连续出台了多项促进服务业发展的相关政策。[①] 2013 年第二届国际服务贸易交易会上组建了全球服务业展望委员会，发布了《北京宣言》，提高了发展中国家在世界服务贸易发展格局中的话语权。[②] 截至 2013 年，中国政府已分别与德国、澳大利亚、英国、爱尔兰、印度和新加坡有关部门就双边服务贸易促进合作签署了 6 个协议，在双边框架下开展服务贸易领域务实合作。政府还从税收优惠、政策支持、资金和人才支持等方面鼓励中国服务企业积极承接离岸服务外包项目。构建了服务外包产业政策体系，加强了制度建设，服务外包发展纲要，每年发布服务外包产业发展报告。2013 年 1 月我国商务部和发展改革委联合发布的《中国国际服务外包产业发展规划纲要（2011 ~ 2015)》，明确表示将积极鼓励服务外包企业制定"走出去"战略，针对全球服务外包新特征及新趋势重新制定发展及市场策略，通过新建、并购、参股、增资、助资等方式整合利用国际资源，构建国际服务外包战略体系。

从理论背景来看，异质性企业贸易理论也称作新新贸易理论，它是国际贸易理论的前沿理论，主要从微观视角，研究异质性企业的国际贸易、国际投资和国际生产的相关问题，代表了国际贸易领域未来的研究方向。按照异质性企业贸易理论的现有文献，其主要研究两个方面的问题，一是异质性企业国际市场参与方式的选择，主要研究什么生产率条件的企业会选择只供应国内市场；什么样的企业会选择进入国际市场；以及进入国际市场的企业在什么条件下会选择出口，什么条件下会选择 FDI；以 FDI 方式进入国际市场的企业，什么情况下选择绿地投资的方式，什么情况下选择跨国并购的方式。如梅里兹（Melitz，2003）、伯纳德等（Bernard et al.，2003）、赫尔普曼等（Helpman et al.，2004）、鲍德

---

① 《服务贸易发展"十二五"规划纲要》中就明确提出，到 2015 年，服务贸易进出口总额要达到 6000 亿美元，年均增速超过 11%；《"十二五"规划》中明确提出，要把推动服务业的大发展作为产业结构优化升级的战略重点，服务业增加值占 GDP 总量的比重要从 43% 提升至 47%。

② 中国（北京）国际服务贸易交易会（简称京交会 CIFTIS），是由商务部和北京市人民政府共同主办的，全球唯一一个国家级、国际性、综合型的服务贸易平台，自 2012 年起每年 5 月 28 日在北京举行。京交会获得了世界贸易组织、联合国贸发会议、经合组织三大国际组织的永久支持，是目前全球唯一涵盖服务贸易 12 大领域的综合型服务贸易交易会。

温（Baldwin，2005）、诺科和耶普尔（Nocke and Yeaple，2007）等。二是异质性企业的全球生产组织模式的选择，主要研究什么情况下企业会选择垂直专业化，即外包的组织模式；什么情况下会选择垂直一体化的组织模式；什么情况下企业选择国内外包，什么情况下选择离岸外包；什么情况下企业会在国内一体化，什么情况下选择国际一体化（垂直型FDI）。如安特拉斯（Antras，2003）、格鲁斯曼和赫尔普曼（Grossman and Helpman，2003）、安特拉斯和赫尔普曼（Antras and Helpman，2004）、安特拉斯（Antras，2005）、格鲁斯曼和赫尔普曼（Grossman and Helpman，2005）、格鲁斯曼（Grossman et al.，2006）、安特拉斯和赫尔普曼（Antras and Helpman，2008）以及马林和维迪尔（Marin and Verdier，2007a、2007b、2008）等。总之，新新贸易理论就是要解决异质性企业不同的国际市场进入模式以及不同的国际生产组织模式的选择问题。在这样的理论背景下，大多数学者利用发达国家的企业数据来检验企业的行为选择是否与理论结果一致，如伯纳德等（Bernard et al.，2006）、伯纳德等（Bernard et al.，2007）、耶普尔（Yeaple，2009）等。国内也有学者在企业异质性的视角下展开研究，大部分是利用中国制造业企业或行业数据来检验新新贸易理论对中国现实问题的解释能力，如黄先海与石东楠（2005）、彭国华（2007）、李小平等（2008）、薛漫天与赵曙东（2009）、李春顶（2009、2010）、易靖韬和傅佳莎（2011）、黄玖立和冼国明（2012）等。

1.2　研究意义

全球化正在深化，从国家分工到产业分工，从产业分工到产品分工，再进一步从产品间分工到产品内的分工。随着信息技术、通信技术的发展，越来越多的产品生产和服务环节可以进行全球分工。在服务经济占据主导地位的今天，一个国家或经济体的服务业能够更广泛、更深入地参与到全球化的进程中，对该国服务业发展水平地提高至关重要，从而对该国在全球经济中的影响和地位都有重要作用。在服务业全球化程度日益加深的背景下，中国服务业参与全球化是中国经济发展转方式调结构的必然选择，是中国经济可持续发展的必然选择。因此，研究中国服务企业参与全球化的进入模式和组织模式选择具有重要的现实意义。

异质性企业贸易理论是未来研究国际贸易问题的主导方向和趋势，但该理论体系还不够完善，需要进一步的扩展研究领域。从现有文献看，大多数的国内外文献都是研究制造业的异质性企业参与国际贸易和国际投资活动。主要研究论题是异质性制造企业的国际化路径选择，也就是不同生产率水平企业如何在出口和 FDI 之间进行抉择，以及参与国际化的不同生产率水平的企业内生边界的确定。在全球经济转向服务业的发展背景下，将异质性企业贸易理论企业异质性的假定应用到对服务企业的研究中，来研究异质性服务企业服务贸易出口、服务业 FDI 以及服务外包的选择，这无疑具有重大的理论意义。当前我国要促进服务业发展，提高制造业的竞争力，拓宽和深化我国参与全球分工的产业链，提升我国在全球分工体系的地位，这类问题对于我国的现实具有很重要的启示。在异质性企业贸易理论的指导下，将理论和实证研究进一步扩展，研究我国服务企业是否应该"走出去"，通过什么方式"走出去"，以及哪些企业应该首先"走出去"，能否以更大规模更高水平参与全球服务业分工体系，对我们有至关重要的理论和现实意义。本文主要在异质性企业贸易理论的基本假设下，研究异质性服务企业出口、FDI 与外包的选择。

1.3　研究的主要内容和基本思路

本文在梅里兹（Melitz，2003）提出的异质性企业贸易理论基础上，将研究对象扩展到服务企业，研究服务企业出口、FDI 与外包的选择。文章主要分三个层次展开：第一，对赫尔普曼等（Helpman et al.，2004）的理论模型进行扩展，结合服务企业自身的特征，得出服务企业出口与 FDI 选择的生产率条件，然后利用数据包络分析方法测算中国服务业细分行业全要素生产率，实证检验企业生产率水平在出口与 FDI 选择中的决定作用，最后结合异质性企业贸易理论与传统 FDI 理论，利用中国服务业细分行业的数据来检验中国服务企业对外 FDI 的决定因素。第二，以安特拉斯和赫尔普曼（Antras and Helpman，2004）的框架为基础，将研究视角放在异质性服务企业 FDI 与离岸外包的选择上。得出在契约不完全的情况下，异质性服务企业 FDI 与外包选择的条件，然后以中国内部各个地区承接服务外包规模的差异来侧面反映跨国公司对服务外包组织模式的选择。本文期望通过严谨的理论与实证以及理论与定量分析的结合，得出相对科学的结论，并为中国服务企业深入参与全球化提供合理科学的参考和指导。第三，对诺科和耶普尔（Nocke and Yeaple，2007）的模型进行修正，建立适用于分析异质性服务企业绿地投资与跨国并购选择的理论框架，得出不同行业中异质性服务企业关于绿地投资与跨国并购选择的结论，然后根据理论分析的结果，结合我国服务业对外直接投资的现实以及全球服务业绿地投资与跨国并购的现实，通过定量分析得出不同行业中企业绿地投资与跨国并购的选择。

本书的研究内容共分 6 个章节，具体内容如下：

第 1 章导论，主要阐述本书的研究背景和研究意义，主要研究内容、研究思路、研究方法，以及主要创新点等内容。

第 2 章相关文献研究述评。首先从新新贸易理论的两条主线出发，梳理了异质性企业国际市场进入和国际生产组织模式选择的理论和实证分析；然后梳理目前关于服务业国际化的理论和实证研究，包括服务贸易、服务业 FDI 以及服务外包。当前这两方面的文献还没有交集，没有学者用异质性企业贸易理论研究异质性服务企业服务贸易出口、服务业 FDI 以及服务外包的选择，基于目前研究的缺陷，引出本书研究的出发点。

第 3 章异质性服务企业国际市场进入模式的选择：出口与 FDI。首先，在赫尔普曼等（Helpman et al.，2004）的理论框架基础上，得出异质性服务企业出口与 FDI 选择的条件；其次，利用数据包络分析（DEA）方法测度中国服务业细分行业的全要素生产率，实证检验行业生产率对行业出口和 FDI 选择的影响；最后，进一步测算服务业分行业的全要素生产率，得出服务贸易出口与服务业 FDI 的主要影响因素。

第 4 章异质性服务企业国际生产组织模式的选择：FDI 与外包。首先，在安特拉斯和赫尔普曼（Antras and Helpman，2004）的理论框架基础上，得出异质性服务企业 FDI 与外包选择的条件，即在契约不完全的情况下，高生产率的企业实施一体化，低生产率的企业实施外包。其次，利用中国各地区承接服务外包规模以及各地区的契约不完全程度，从侧面检验影响服务企业 FDI 与外包选择的影响因素。

第 5 章异质性服务企业 FDI 进入模式的选择：绿地投资与跨国并

购。首先，在诺科和耶普尔（Nocke and Yeaple，2007）的理论框架基础上，得出异质性服务企业绿地投资与跨国并购的选择条件。研发技术密集型行业，效率（生产率）较高的企业会选择跨国并购的方式开展FDI，而效率（生产率）相对较低的企业会选择绿地投资的方式开展FDI；人力资本密集型行业和广告营销密集型行业，效率（生产率）较高的企业会选择绿地投资的方式开展对外直接投资；而效率（生产率）较低的企业会选择跨国并购的方式开展对外直接投资。其次，利用全球服务业内部各个行业中跨国并购与绿地投资的比较分析，得出要素密集度不同的行业的企业倾向于不同的选择，定量分析的结果基本与理论结果一致。

第6章结论及政策建议。首先，对全书的理论分析、实证分析以及定量分析的结果进行总结；然后，从政府和企业层面提出推进中国服务企业深入参与全球化的政策建议。

全书具体的研究思路见图1－1。

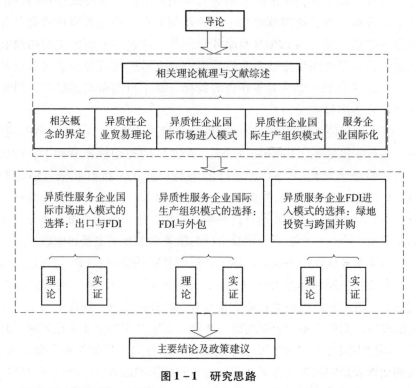

图1－1　研究思路

资料来源：作者自制。

1.4　主要研究方法

本书的研究主要采用了理论模型和实证研究相结合、定性分析和定量分析相结合的方法，具体采用的研究方法如下。

1. 理论和实证分析

本书采用了规范的经济学研究范式，在对相关研究文献进行回顾和总结的基础上，引出本书的研究出发点。理论研究上，在异质性企业贸易理论的经典模型基础上，引入服务产品异质性的假定，并且假设企业对自身的生产率情况具备完全信息，建立适用于异质性服务企业出口与FDI选择的模型；在异质性服务企业国际生产组织模式选择的模型中，只关注企业FDI与离岸外包的选择；在异质性服务企业对外直接投资模式选择模型中，抛弃原模型中关于出口、绿地投资与跨国并购的选择，专注于分析服务业企业的绿地投资和跨国并购行为选择。在三个理论模型中得出异质性服务企业出口、FDI以及外包选择的条件。

在实证分析上，首先，利用数据包络分析（DEA）方法测度了中国服务业分行业的全要素生产率，并利用分行业服务贸易出口和服务业对外FDI的数据来检验全要素生产率对出口和FDI的影响；然后，将异质性企业贸易理论与传统贸易理论结合，找出影响服务贸易出口和服务业FDI的主要影响因素；在检验服务业FDI的影响因素上，我们一方面利用分行业企业数据进行验证，一方面利用全球最大的服务业跨国公司的数据进行验证。最后，利用中国各地区承接服务外包的数据检验契约不完全程度对离岸外包规模的影响，从侧面反映跨国公司的对外外包行为。

2. 定性和定量研究

本书不仅从定性的角度分析了影响异质性服务企业出口、FDI与外包选择的相关因素，而且采用中国行业层面和企业层面的实际数据，从统计上对中国服务企业出口、FDI和外包的情况进行定量分析。在对服务企业绿地投资与跨国并购的选择上，通过中国绿地投资、跨国并购与全球的比较分析，服务业绿地投资与跨国并购的比较，服务业细分各行业绿地投资与跨国并购的比较，得出不同行业中跨国公司绿地投资与跨国并购的选择。

1.5　主要创新点

相对于已有文献，本书尝试从以下几个方面进行探索性的研究。

第一，将异质性企业贸易理论的经典模型应用到异质性服务企业出口与 FDI 选择的研究上，研究以生产率表示的企业异质性对企业出口行为和 FDI 行为选择的影响。得出生产率较高的企业会选择以 FDI 的方式进入国际市场，生产率较低的企业以出口的方式进入国际市场。在实证研究中，利用中国服务业行业层面和企业层面的数据对理论进行验证，并且将企业异质性与国际投资的 OLI 范式结合，找出影响中国服务企业对外 FDI 的重要影响因素。

第二，对异质性企业国际生产组织模式选择的模型进行修正，建立适用于异质性服务企业 FDI 与外包选择的模型。得出在契约不完全的条件下，不同的服务行业由于核心服务的密集程度不同，导致对剩余所有权的控制能力不同，使得企业对 FDI 和离岸外包的选择不同。在经验分析中，从中国作为服务外包承接国的角度侧面检验了契约不完全程度对跨国公司离岸外包行为的影响，得出契约执行成本越小，跨国公司越倾向于选择外包的组织模式，与理论分析的结论基本一致。

第三，对异质性 FDI 模式选择模型进行调整和修正，用以解释异质性服务企业绿地投资和跨国并购的行为选择。得出要素密集度不同的服务行业中，企业对绿地投资和跨国并购的选择不同。在经验分析中，利用全球服务业跨国并购和绿地投资的数据，通过对比和定量分析，得出不同行业中跨国公司有不同的选择，并总结出一般性的结论，与理论分析的结果基本一致。

1.6　本研究存在的不足

异质性企业贸易理论主要是基于微观企业视角，研究异质性企业的贸易、投资行为，绝大部分的实证检验主要利用制造业企业的微观数据进行研究。将异质性企业贸易理论扩展到服务业领域，在实证检验上最大的制约就在于服务业企业微观数据的获取，而研究中国异质性服务企业的贸易和投资行为，更是如此。本书相应的实证检验用到了中国服务业行业数据以及全球最大的服务业跨国公司的数据，没有太多中国服务企业的微观数据，这是本书存在的主要不足。待服务企业统计数据完善时，作者将利用中国服务业企业的微观数据做进一步的验证。

第2章 相关文献研究述评

2.1 相关概念界定

2.1.1 服务业

2003 年，根据《国民经济行业分类》（GB/T 4754—2002），国家统计局印发了《国家统计局关于印发〈三次产业划分规定〉的通知》（国统字〔2003〕14 号），该规定在国民经济核算、各项统计调查及国家宏观管理中得到广泛应用。2012 年，根据国家质检总局和国家标准委颁布的《国民经济行业分类》（GB/T 4754—2011），国家统计局再次对 2003 年《三次产业划分规定》进行了修订。修订中将第三产业明确为"服务业"。[①] 需要特别指出的是在联合国贸易和发展会议（UNCTAD）关于 FDI 的统计中服务业领域还包括建筑

[①] 根据《国民经济行业分类》（GB/T 4754—2011），将三次产业划分为：第一产业指农、林、牧、渔业（不含农、林、牧、渔服务业）；第二产业指采矿业（不含开采辅助活动），制造业（不含金属制品、机械和设备修理业），电力、热力、燃气及水生产和供应业、建筑业；第三产业即服务业，是指除第一产业、第二产业以外的其他行业。第三产业包括：批发和零售业，交通运输、仓储和邮政业，住宿和餐饮业，信息传输、软件和信息技术服务业，金融业，房地产业，租赁和商务服务业，科学研究和技术服务业，水利、环境和公共设施管理业，居民服务、修理和其他服务业，教育，卫生和社会工作，文化、体育和娱乐业，公共管理、社会保障和社会组织，国际组织，以及农、林、牧、渔业中的农、林、牧、渔服务业，采矿业中的开采辅助活动，制造业中的金属制品、机械和设备修理业。

业。在本书的研究中我们根据国家统计局的制定标准，将第三产业理解为服务业，服务业中不包含建筑业，后文中没有特意指出的情况下都是如此。

2.1.2　服务贸易

"服务贸易"（Trade in Service）一词最早出现在 1972 年关贸总协定东京回合谈判决议中，关于服务贸易的定义多种多样。国际货币基金组织（IMF）将国际服务贸易界定为"某一经济体中居民和非居民之间进行的服务贸易，包括服务出口和服务进口"，这个定义以国境作为划分标准，大部分国家和地区的国际收支统计采用此标准。联合国贸易与发展会议（UNCTAD）将国际服务贸易定义为"货物的加工、装配、维修以及货币、人员、信息等生产要素为非本国居民提供服务并取得收入的活动，是一国与他国进行服务交换的行为"，这个定义与 IMF 的定义没有太大区别。世界贸易组织（WTO）在服务贸易总协定（GATS）将服务贸易定义为：第一，从一成员境内向其他成员境内提供服务，即跨国支付；第二，在一成员境内向其他成员的消费者提供服务，即境外消费；第三，一个成员的服务提供者通过在另一成员境内以商业存在的形式提供服务，即商业存在；第四，一个成员的服务提供者在另一成员境内提供服务，即自然人流动。这个定义已经成为当前"国际服务贸易"的权威性定义，得到广泛认可（江小涓，2008）。服务贸易总协定（GATS）的定义拓宽了国际服务贸易的范畴，但是这一定义并不是统计学上的定义，服务贸易的四种模式在统计学上有相当大的难度。

现有的国际服务贸易统计体系分为两大类：一是居民与非居民之间的服务贸易统计体系；二是国外分支机构服务贸易统计体系（FATS）。1996 年起中国服务贸易统计数据基本上都来自国际收支统计申报系统，基本实现与国际服务贸易统计的接轨。2007 年 11 月，商务部和国家统计局共同发布了《国际服务贸易统计制度》，于 2008 年 1 月 1 日正式实施。该统计制度与服务贸易总协定挂钩，又充分考虑了中国国际收支统计、中国 FDI 统计以及中国官方其他统计体系的衔接。《国际服务贸易统计制度》基本上沿用了中国国际收支平衡表中关于国际服务贸易的分类，根据国家外汇管理局公布的国际收支平衡表，国际服务贸易包括12大类。[①] 遵循 WTO 关于服务贸易的定义，中国服务贸易统计中也不包含政府服务。关于 FATS 的统计包括两部分，一是外向外国附属机构的服务贸易，即中国境内的企业通过直接投资方式控制他国企业而在该国实现的服务销售，这构成了服务贸易出口；二是内向外国服务机构的服务贸易，即外国企业通过直接投资方式控制中国境内企业并在中国境内实现的服务销售，这构成了服务贸易进口。本文所采用的服务贸易数据均来自 WTO 服务贸易统计以及中国国家商务部发布的关于服务贸易的统计。

2.1.3 服务业 FDI

根据 WTO《服务贸易总协定》（GATS）关于服务贸易的四种交易形式，第三种交易形式投资者的商业存在即指服务业直接投资（FDI），GATS 定义的服务业 FDI 仅指市场寻求型直接投资，而全部的服务业 FDI 还包括一国服务提供者在境外建立服务生产实体向其他国家提供服务的活动，即出口导向型直接投资。因此服务业 FDI 指由境外投资者在一国境内建立生产或经济实体向该国境内或他国提供服务的活动（杨春妮，2007）。

根据《中国对外直接投资统计公报》关于概念和统计指标的解释，对外直接投资（OFDI）是指我国企业、团体等在国外及中国港澳台地区以现金、实物、无形资产等方式投资，并以控制国（境）外企业的经营管理权为核心的经济活动。对外直接投资的内涵主要体现在一经济体通过投资于另一经济体而实现其持久利益的目标。结合《国民经济行业分类》（GB/T 4754—2011）中明确将第三产业视作服务业，因此第三产业中各个行业的对外直接投资行为可以视作各个服务业细分行业的对外直接投资行为。本文所研究的中国服务业 OFDI 都按照此标准划分。

---

① 十二大类服务贸易是指：运输服务、旅游服务、通信服务、建筑服务、保险服务、金融服务、计算机和信息服务、专有权利使用费和特许费、咨询服务、广告宣传服务、电影音像服务以及其他商业服务。

2.1.4　服务外包

外包（Outsourcing）最早起源于制造业，目前已经成为一种普遍的国际生产组织模式。① 随着信息和通信技术的发展，基于产品制造的制造外包逐渐转向服务外包。关于制造外包和服务外包的区别，卢锋（2007）依据交易对象的经济属性差异对制造外包和服务外包加以区分。② 如果发包方和承包方位于不同的国家就产生国际外包。马库斯（Markus，2004）从服务外包效应的角度，提出离岸服务外包是以进口中间投入品带来国内附加值增加，并影响就业结构向有利于技术升级的方向移动。埃米特和魏（Amiti and Wei，2005）将国际服务外包定义为从国外获得商品或服务的中间投入品，既包括从独立于本公司的国外企业获得的商品或服务的中间投入品，也包括从国外子公司获得的公司内贸易。巴格瓦迪等（Bhagwati et al.，2004）从国际服务贸易角度论述服务外包，指出服务外包是国际服务贸易中的一部分（主要指 GATS 定义的服务贸易交易形式的第三种跨境支付），包括远距离海外购买服务，主要通过网络、电话等电子媒介实现的。詹晓宁、邢厚媛（2005）指出国际服务外包是生产经营者将服务流程以商业形式发包给本企业以外的服务提供者的经济活动。服务外包的本质是企业以价值链管理为基础，将非核心业务发包给其他服务供应商，以提高资源配置效率的国际生产组织模式。2007 年，中国国家商务部发布中国首个《服务外包统计报表制度》，将服务外包提供商向服务外包发包商提供的信息技术外包（ITO）和业务流程外包（BPO）理解为服务外包。埃森哲（2008）的《服务外包市场研究报告：中国与全球》中将知识流程外包（KPO）也包含在 BPO 中。本书关于服务外包的构成就包括这三类。表 2 - 1 显示了 2011 年 IT 服务外包行业研究报告中关于各类服务外包的业务构成。

15

---

　① 美国国家公共行政学院（National Academy of Public Administration，NAPA，2006）定义的"外包"是指企业将服务与制造活动包出给坐落在国内或国外的独立企业。

　② 卢锋（2007）指出，如果外包转移和交易对象属于制造加工零部件以及中间产品工序活动，或是利用中间品、半成品、最终产品某种组装或总装活动就属于制造外包；如果外包转移对象是特定服务品生产过程的特定投入环节，或者是制造品等部门生产过程的服务投入流程则属于服务外包。

表 2 - 1　　　　　　　　　　　　　服务外包的内容

服务外包分类	主要内容
信息技术外包（ITO）	包括产品支持与专业服务的组合，用于向客户提供 IT 基础设施、企业应用服务或同时提供这两方面的服务。在最低程度上看，外包将包括某些 IT 管理服务，ITO 则被进一步细分成数据中心、桌面、网络与企业应用外包等。
业务流程外包（BPO）	把一个或多个 IT 密集型业务流程委托给一家外部提供商（ESP），让他拥有管理和控制选定的流程。以上这些业务是基于已详细定义好，和可测量的方法来执行的。被外包给 ESP 的业务流程实例包括物流、采购、人力资源、财务会计、客户关系管理或其他面向消费者的业务功能等。
知识流程外包（KPO）	是一个帮助客户研究解决方案的方式，主要是通过多种途径获取信息，经过即时、综合的分析、判断和研究解释，并提出一定的建议，将报告呈现给客户，作为决策的依据。

资料来源：IT 服务外包行业研究报告，2011 年。

2.2　异质性企业贸易理论

异质性企业贸易理论与传统贸易理论以及新贸易理论的区别主要在于模型的两个假设条件：一、企业是异质的，而企业的异质性体现在边际成本差异上，通常用生产率差异来表示；二、企业面临固定的市场进入成本。鲍德温和尼库（Baldwin and Nicoud，2004）、鲍德温和弗斯里德（Baldwin and Forslid，2004）两篇文献最早提出了新新贸易理论的概念，该理论以异质性的微观企业为研究对象，并且假设企业的异质性主要体现在生产率的差异上，相关研究集中在异质性企业的国际贸易和国际投资行为以及异质性企业的国际生产组织模式选择等问题上。梅里兹（Melitz，2003）最早对异质性企业的出口行为选择进行研究，在企业异质性的假定条件下，通过引入了一个垄断竞争的动态产业一般均衡框架，当企业都面临着固定的市场进入成本时，理论分析的结果证实生产率最低的企业会退出市场；生产率较低的企业只能服务国内市场；生产率较高的企业会出口。贸易自由化的提高有助于推进高生产率企业的发展。梅里兹（Melitz，2003）所构建的贸易模型被称为异质性企业贸易理论（Heterogeneous Firms Trade Theory，简称 HFT），也称为新新贸易理论。后来的很多学者都在梅里兹（Melitz，2003）的基础上进行扩展研究。安特拉斯（Antras，2003）为了解释 1/3 的世界贸易是企业内贸易这一现象，把生产率差异表示的企业异质性加入赫尔普曼—克鲁格鲁的贸易框架中，建立了异质性企业内生边界的不完全契约模型，分析异质性企业如何确定国际生产的组织模式以及国际生产的区位安排。结果发现，美国主要通过企业内贸易的方式进口资本密集型的中间投入品；而劳动密集型中间投入品却是直接进口的。这表明美国是通过垂直一体化即 FDI 的方式来生产资本密集型中间投入品，然后通过企业内贸易出口至母国；而劳动密集型中间投入品是以垂直专业化，即外包后进口的形式获得的。安特拉斯（Antras，2003）构建的理论模型被称为企业内生边界理论（Endogenous Boundary Theory of the Firm），他开创了异质性企业全球生产组织模式选择的研究。

根据梅里兹和安特拉斯（Melitz and Antras，2003）的开创性研究，可以发现异质性企业贸易理论主要研究了两类问题：一是异质性企业是否进入国际市场的抉择以及国际市场进入模式的抉择，企业生产率是企业抉择的重要决定因素；二是异质性企业国际生产组织模式的抉择，异质性企业根据自身生产率条件来确定外包或 FDI 的组织模式，并确定外包或 FDI 的区位。图 2–1 展示了新新贸易理论的主要研究框架和研究内容。

17

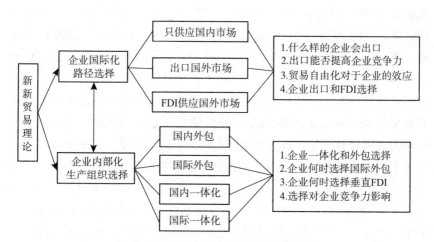

图 2–1　新新贸易理论的主要研究内容

资料来源：李春顶博士论文（2009）。

2.3 异质性企业国际市场进入模式的选择

2.3.1 异质性企业国际市场进入模式选择的理论研究

从理论研究来看，早期的研究主要涉及异质性企业是否进入国际市场以及生产率的差异对企业出口的影响。梅里兹（Melitz, 2003）建立了基本的研究框架，证实了企业生产率差异代表的企业异质性对企业是否参与国际市场选择的影响；也表明即使在技术条件没有提高的情况下，通过贸易带来的自我选择效应也能够提高行业的生产率水平。伯纳德等（Bemard et al., 2003）扩展了李嘉图模型，使其成为包含多个国家、允许地理壁垒及不完全竞争，存在企业异质性的贸易模型。结果发现，企业的生产率和企业的规模会影响出口，出口的企业拥有较高的生产率水平和较大企业的规模，且壁垒减少能促进企业出口，最后还利用美国与 46 个贸易伙伴的数据证实了这些结论。鲍德温和尼库（Baldwin and Nicoud, 2004）发现，贸易自由化能够通过自我选择效应和再分配效应来提高企业的生产率水平，可是如果考虑企业的内生增长率，则会发现贸易自由化提高了生产率只有水平意义，实际上却是损害了企业的增长速度。鲍德温（Baldwin, 2005）以梅里兹（Melitz, 2003）为基础，进一步分析了国内企业、出口企业和不生产企业的生产率差异，得到与 Melitz（2003）一样的结论，即生产率较高的企业会选择出口；同时还发现贸易自由化的再分配效应对高生产率的企业更为有利。吉洛尼和梅里兹（Ghironi and Melitz, 2005）建立了一个随机的、动态的一般均衡的两国贸易模型，假设在垄断竞争的市场结构下，且企业异质性体现在生产率差异上，证明出口企业是高生产率企业，并分析了外生的生产率冲击和贸易成本变化的影响，其结论与前期研究结果基本一致。费尔维等（Falvey el al., 2004）将前沿技术纳入异质性企业贸易理论中，分析了行业生产率与企业出口的关系。伯纳德等（Bemard et al., 2006a）建立一个多产品厂商的模型框架来分析贸易自由化的影响，结果发现贸易自由化能推动企业专业化生产最有效率的产品，虽然出口产品种类减少，但出口量增加；而低效率企业会退出市场，这种选择效应会推动企业自身和行业生产率的提高。

另外一些学者将异质性企业贸易理论的研究扩展到企业进入国际市场的模式选择上，以出口还是对外直接投资（FDI）的方式参与国际市场？赫尔普曼等（Helpman et al.，2004）沿袭了梅里兹（Melitz，2003）的基本假定，通过建立一个多国多部门模型，并引入企业异质性的条件，研究了企业生产率差异对企业国际市场进入模式选择的影响。结果得出，生产率较高的企业会参与国际市场，而这些生产率较高的企业中，生产率最高的企业通过 FDI 的方式进入国际市场，生产率次高的企业会选择以出口方式进入国际市场；在企业异质性较明显和较大的行业中，异质性企业 FDI 的相对销售规模要更大。黑德和里斯（Head and Ries，2003）用生产率差异解释了为什么一些企业只提供国内市场而其他企业会通过出口或 FDI 方式提供国外市场，他们发现，如果企业通过对外直接投资进入东道国市场时，并不能从东道国获取一定的成本优势，那么 FDI 的企业的生产率比出口企业的生产率更高，论文采用1070 个日本大型企业的数据验证了这一结论。格鲁斯曼等（Grossman et al.，2005）建立了一个三国模型，研究了在对外直接投资也存在沉没成本的情况下，企业对出口和 FDI 的选择。诺科和耶普尔（Nocke and Yeaple，2007）通过建立包括异质性企业的一般均衡框架来分析异质性企业国际市场的进入方式，包括对出口、绿地投资或跨国并购等的选择。结果发现，企业异质性尤其是企业所拥有的异质能力的流动性在企业国际市场进入模式选择中起关键作用，同时企业生产率也不是唯一的决定因素，选择通过跨国并购的方式进入国际市场的企业中，既包括生产率最高的企业也包括生产率最低的企业，而且模型得出绿地投资的方式对于母国经济发展更有利，而跨国并购的方式对东道国更有利。梅里兹和奥塔维亚诺（Melitz and Ottaviano，2008）建立一个垄断竞争的异质性企业贸易模型，在考虑了市场竞争的情况下，研究了企业生产率水平与市场竞争程度的关系及企业的国际化经营选择。

2.3.2　异质性企业国际市场进入模式选择的经验研究

大多数理论研究的结论是贸易自由化会促进原来出口的企业更多地

出口，利润的驱使导致该行业产生更多的潜在进入者，竞争的加剧使生产率较低的企业退出市场，生存下来的企业都具有较高的生产率水平，从而整个行业的生产率水平也会提高。在异质性企业贸易理论还没有提出之前，很多学者就针对异质性企业的选择行进行了大量的实证研究，伯纳德和詹森（Bernard and Jensen，1997）、克莱里季斯等（Clerides et al.，1998）、伯纳德和瓦格纳（Bemard and wagner，1998）分别利用美国的数据，哥伦比亚、墨西哥和摩洛哥的数据，以及德国制造业企业的面板数据进行研究，结果都发现企业生产率和企业出口之间存在的正相关关系，但出口对于提高企业生产率的影响不大。伯纳德和瓦格纳（Bernard and Wagner，2001）、瓦格纳（Wagner，2002）、阿莫尔德和胡星格（Amold and Hussinger，2004）、德尔加多等人（Delgado et al.，2002）、卡斯泰拉尼（Castellani，2002）以及格里纳韦和科尼勒（Greenaway and Knelle，2003、2004）的研究中也得到类似结论。

在理论提出之后，很多学者对异质企业贸易理论所提出的企业参与国际市场的自我选择效应进行验证。伯纳德等（Bernard et al.，2007）利用美国 1987～1997 年的产业和企业层面数据进行实证检验，发现贸易成本的降低会产生有利于高生产率企业的再分配效应，其生产率会进一步提高，出口也会增加；同时更多地企业会进入出口市场。伯纳德等（Bemard et al.，2009）利用美国 1993～2000 年企业数据进行实证分析，结果发现国际化程度越高的企业，在经济中的作用越大，对美国贸易和就业的影响也越大。说明企业异质性能够解释最新的贸易和投资行为。耶普尔（Yeaple，2009）利用美国跨国公司企业层面的数据，实证检验企业异质性对跨国公司行为的影响，验证了赫尔普曼等（Helpman et al.，2004）的理论模型。结果发现：生产率最高的美国跨国公司在很多国家进行投资并且在每个国家的销售规模都很大；实证结果证实了企业异质性在决定跨国公司行为中的重要作用，并且确定了国家特征对跨国公司行为结构的影响机制。

韩贞熙（Chin Hee Hahn，2005）、贝哥斯等（Bigsten et al.，2004）、碧斯博罗克（Biesebroeck，2005）、门杰斯特和帕迪罗（Mengistae and Pattillo，2004）等文献都利用发展中国家的企业数据，证明异质性企业贸易理论在发展中国家是适用的。一些国内学者也对异质性企业贸易理论的相关结论进行实证检验。黄先海与石东楠（2005）、彭国华（2007）、李小平等（2008）、薛漫天与赵曙东（2009）以及李春顶（2010）等从国家层面、省级整体或者分行业的层面分析贸易对于生产率的影响，结论基本是两者显著正相关。也有学者利用企业数据检验了异质性企业贸易理论的结论，李春顶等（2010）利用中国制造业的企业面板数据，提出中国出口贸易的"生产率悖论"，同时指出加工贸易是导致"生产率悖论"产生的主要原因。陈文芝（2009）证明企业参与国际化对企业生产率有积极的促进作用。易靖韬和傅佳莎（2011）得出只有生产率较高的企业才能克服出口市场的沉没成本，通过自我选择进入出口市场，而生产率较低的企业会退出。黄玖立和冼国明（2012）提出，在控制了双边地理距离和市场规模以及多个维度的固定效应之后，企业进入国内区域市场的可能性随着其生产率水平的提高而增大。

综合上述的实证分析结果可以发现，无论发达国家企业还是发展中国家的异质性企业参与国际市场，随着贸易的开展都存在明显的自我选择效应。而对企业参与国际化对企业生产率的影响，发达国家企业与发展中国家企业呈现出不同的特征，发展中国家的异质性企业参与国际化对企业生产率的提高有积极的影响。然后无论从理论角度还是实证角度，都还没有发现对异质性服务企业参与国际化的研究，这应该是未来研究的方向之一。

21

2.4 异质性企业国际生产组织模式的选择

2.4.1 异质性企业国际生产组织模式选择的理论研究

随着国际分工的深化以及信息技术的发展，产品内分工带来的公司内贸易的比重越来越大，而传统贸易理论和新贸易理论以及产业组织理论都无法解释跨国公司在国际贸易和国际投资中生产和组织模式的变化。安特拉斯（Antras，2003）的企业内生边界理论在企业异质性的假定基础上，将不完全契约理论和产业组织理论相结合并应用到贸易模型中，研究跨国公司国际生产组织模式的选择及影响因素。关于企业国际生产组织模式的选择主要涉及两个方面：一是在生产可分割的前提下，异质性企业会通过垂直一体化，即 FDI 的形式还是垂直专业化，即外包的形式来生产中间投入品；二是企业的一体化生产或外包生产是在国内进行还是国外进行。针对这两方面的问题，企业面临四种生产组织模式：国内垂直一体化（Vertical Integration）、国外垂直一体化（Vertical FDI）、国内外包（Outsourcing at home）以及离岸外包（Offshore Outsourcing）四种选择。异质性企业对不同组织模式的选择取决于交易成本和不完全契约。斯宾塞（Spencer，2005）从知识产权、交易成本、激励系统以及权威授权四个企业边界理论方向划分了文献（见表 2 - 2）。

表 2 - 2　　　　产业组织理论对企业边界划分的文献整理

组织形式 / 来源	垂直一体化		外包	
	知识产权/激励系统/交易成本	权威授权	随机市场	签订合约
国内	Antras（2005）；Antras and helpman（2004）；Mclaren（2000）；Grossman and Helpman（2002，2004）	Marin and Verdier（2002，2005）；Puga and Trefler（2002）	Spencer and Qiu（2001）	Antras（2005）；Antras and Helpman（2004）；Grossman and Helpman（2002，2004，2005）；Spencer and Qiu（2001）；Qiu and Spencer（2002）；Head el（2004）；Feestra and Spencer（2005）
一体化世界市场	Antras（2003）；Mclaren（2000）	Marin and Verdier（2003）	—	Antras（2003）；Levchenko（2004）；Nunn（2005）
国外低成本地区	Antras（2005）；Antras and Helpman（2004）；Grossrnan and Helpman（2004）；Feestra and Hanson（2005）；Feestra and Spencer（2005）	—	Spencer and Qiu（2001）；Qiu and Spencer（2002）；Head el（2004）；Feestra and Spencer（2005）	Antras（2005）；Antras and Helpman（2004）；Grossman and Helpman（2004，2005）；Feestra and Hanson（2005）；Feestra and Spencer（2005）

资料来源：Spencer（2005）。

安特拉斯（Antras，2003）构建了一个企业边界的不完全契约的知识产权模型，把企业异质性加入了赫尔普曼—克鲁格鲁的贸易框架，分析跨国公司的国际生产组织形式和生产地的确定，被看作是研究企业内生边界理论的一个起点。安特拉斯和赫尔普曼（Antras and Helpman，

2004）将安特拉斯（Antras，2003）的不完全契约知识产权模型和梅里兹（Melitz，2003）的异质性企业贸易理论模型相结合，建立了一个关于异质性企业的南北贸易模型，探索不完全契约下异质性企业国际生产组织模式的选择。假定北方国家（发达国家）生产最终产品，且最终产品生产者的生产率水平存在差异，根据所属部门的要素密集度特征，最终产品生产者要选择获取中间投入品的组织模式和区位。无论在何种组织模式下，最终产品生产者和中间投入品供应者都必须要建立一种合作关系。研究结果发现：在区位选择上，生产率较高的企业从南方国家（发展中国家）获取中间品，而生产率较低的企业从北方国家（发达国家）获取中间品；在组织模式选择上，基于对剩余所有权的考虑，生产率较高的企业会选择企业内一体化的组织模式来获取中间投入品，而生产率较低的企业选择企业外包的组织模式获取中间投入品。安特拉斯（Antras，2005）分析了产品周期对企业生产组织模式选择的影响，在一个产品周期内，不完全契约使低技术中间投入品由北方国家通过 FDI 的方式转移到工资较低的南方国家生产，当最终产品成熟后，为控制生产成本企业会选择离岸外包的组织模式。安特拉斯和赫尔普曼（Antras and Helpman，2008）假设合约双方存在不同程度的契约摩擦，进一步讨论了异质性企业国际生产组织模式的选择以及区位选择。

　　格鲁斯曼和赫尔普曼（Grossman and Helpman，2003）研究了产业内外包和 FDI 的决定因素，最终产品生产者可以自己生产中间投入品，但是单位成本大于专业供应商的生产成本。模型研究了成本差异、契约不完全程度、产业规模以及相对工资等对产业组织模式的影响。格鲁斯曼和赫尔普曼（Grossman and Helpman，2005）分析了国内外市场上中间投入品的供给、市场相对的搜寻成本、契约的完善程度以及环境保护等因素对外包选择的影响。结果发现，发展中国家（南方国家）的经济发展和产业内贸易的推进能够促进发达国家离岸外包的发展；如果南方国家技术创新的速度高于北方国家，则技术的改进能促进外包的发展；南方国家法律的健全会吸引更多的来自北方国家的外包。格鲁斯曼和赫尔普曼（Grossman and Helpman，2003、2005）的研究还没有涉及异质性企业组织模式的选择。格鲁斯曼等（Grossman et al.，2006）在早先研究的基础上，将企业异质性纳入模型中，主要研究企业生产率的差异、建立国外分支机构的固定成本、中间投入品和最终产品贸易的运输成本，以及国外市场消费需求等因素对跨国公司组织模式选择的影响。跨国公司必须在母国提供总部服务，但是中间投入品可以从他国获得。异质性企业对中间投入品国际生产组织模式的选择，必须基于对各种成本的权衡，包括各种组织形式的固定成本以及贸易的成本等。马林和维迪尔（Marin and Verdier，2007、2008）对跨国企业国际生产组织模式选择进行大量的研究，考虑了 FDI 的固定进入成本、贸易成本、信息技术、本地市场竞争程度、本地市场规模以及国际规模等变量对企业选择的影响，并进一步分析了不同的组织模式对企业竞争力和国际市场竞争程度的反作用。

2.4.2 异质性企业全球生产组织模式选择的经验研究

早期的实证研究主要在于阐明了企业全球化运作以及产品内贸易存在的事实。亚伯拉罕和泰勒（Abraham and Taylor，1996）、胡梅尔斯等（Hummels et al.，2001）、耶茨（Yeats，2001）以及鲍尔加和扎勒（Borga and Zeile，2004）等的研究都证明并显示了国际贸易的一种新趋势和新方向，企业要考虑在全球安排生产活动，从而导致企业内贸易的活动越发频繁。早期还有很多文献研究了外包的组织模式对企业的影响，如芬斯特拉和汉森（Feenstra and Hanson，1997、1999、2001）分别利用墨西哥和美国的数据验证外包对就业和工资的影响。

在企业内生边界理论产生之后，出现了更多的关于异质性企业国际生产组织模式选择的实证研究，但是相对于理论研究实证分析的文献还比较少，而且主要集中在对发达国家的研究上。安特拉斯（Antras，2003）利用美国进出口行业数据进行实证检验，结果显示企业的资本、技术以及契约制度等异质性在企业生产组织模式选择中发挥着重要作用。企业可以依据这些异质性选择适当的生产组织模式进行国际贸易，降低交易成本，促进企业利润的增长。并且实证分析的结果和理论预期是一致的。耶普尔（Yeaple，2006）、伯纳德等（Bemard et al.，2009）以及纳恩和特勒福勒尔（Nunn and Trefler，2008、2013）在经验研究方面都做出重要贡献。他们检验了核心服务投入、生产率分散程度以及中间投入品生产契约的不完全程度对美国公司内贸易进口占全部进口比例的影响。伯纳德等（Bernard et al.，2009）的研究中还包含了基于中间品贸易的重要程度决定的产业要素密集度、国家要素禀赋与产品契约不完全程度间的相互影响。纳恩和特勒福勒（Nunn and Trefler，2008）基于资本专用性的程度不同，解释了美国公司内进口中的一部分是来自于美国附属机构的国外总部。近来的实证检验主要集中在企业层面的特征对企业一体化组织模式的影响，德福威尔和特鲍尔（Defever and Toubal，2007）利用法国的企业层面数据证实生产率最高的企业倾向于选择外包的组织模式，而克洛克斯（Corcos et al.，2008）利用法国的数据验证生产率最低的企业会选择外包，他们的结论其实与安特拉斯和赫尔普曼（Antras and Helpman，2004）理论分析的结果是一致的，关键在于对不同的组织模式设定不同的固定成本排序。科赫尔和斯莫卡（Kohler and Smolka，2009）利用西班牙的数据也进行了相关研究。这些研究的结果都证实不同生产组织模式和所有权安排要求企业具备不同的生产率条件。马林和维迪尔（Marin and Verdier，2006）利用美欧的企业数据，检验了国际竞争强度的提高对企业 FDI 和外包选择的影响。

对发展中国家的实证研究非常少，费尔南德斯和唐（Fernandes and Tang，2010）研究了中国企业在出口进程中垂直一体化的决定因素。主要利用中国产品层面的出口数据（中国作为发展中国家控制着北方国家需要进口的中间品的生产与出口），在安特拉斯和赫尔普曼（Antras and Helpman，2004）模型的基础上，检验了企业 FDI 与离岸外包选择的行业层面决定因素，结果显示：如果中国企业拥有进口中间品的所有权，那么垂直一体化工厂的出口份额随着行业核心服务密集度的提高而提高，但是与投入品契约不完全程度呈负相关关系，这一结论与公司内贸易的所有权理论是一致的。然而，在国外企业拥有进口中间品的所有权时，垂直一体化与核心服务密集程度以及契约不完全程度之间的关系不显著。同时，只有在国外企业拥有中间品的所有权时，部门内企业生产率的分散程度与一体化工厂的出口份额具有正相关关系。

综合来看，异质性企业国际生产组织模式选择的理论文献较为丰富，将企业异质性引入理论分析框架，为跨国公司国际生产组织模式的选择提供了一种全新的分析框架。而相应的实证研究尤其以发展中国家为研究对象的实证研究还很欠缺，同时关于服务外包和服务业 FDI 这两种组织模式选择的分析也还没有，这些问题也是当前和今后研究应该关注的地方。

2.5　服务企业国际化的相关文献

2.5.1　服务贸易的理论与实证研究

20 世纪 80 年代中后期以后，随着乌拉圭多边贸易协定中关于服务贸易条款的实施，全球服务贸易和服务业 FDI 快速发展，服务业跨国公司的数量急剧增加，学术界也越来越多地关注服务业的国际化问题。首先，传统的国际贸易理论是否适用于服务贸易，引起很多学者的讨论。迪克（Dicke，1979）、桑姆森和斯内普（Smpson and Snape，1985）、费科特库斯（Feketekuty，1988）等研究都认为传统的国家贸易理论不适用于服务贸易；萨皮尔和卢特（Sapir and Lutz，1981）、辛德利和史密斯（Hindley and Smith，1984）以及拉尔（Lall，1986）等都认为传统国际贸易理论完全适用于服务贸易的研究；戴尔道夫（Deardorf，1985）、塔克和颂德贝里（Tucker and Sundberg，1988）以及布格斯（Burgess，1990）等研究都认为传统的国际贸易理论基本上适用于服务贸易，但是基于服务不同于产品的一些特性，需要对传统理论进行修正。这种观点等到大部分学者的认可，赖安（Ryan，1987）、达杰克和凯日科夫斯基（Djajic and Kierzkowski，1989）、梅尔文（Melvin，1989）以及琼斯和鲁安（Jones and Ruane，1990）都对传统模型的应用进行探讨。另外还有学者基于新贸易理论对服务贸易进行研究。马库森（Markusen，1986、1988、1989）研究了规模经济对服务贸易的影响，以及熟练劳动力的服务贸易问题。然后利用包含两部门经济的一般均衡模型研究具有规模经济的生产性服务投入品的自由贸易可以增加贸易双方的福利水平。

在实证研究方面，萨佩尔（Sapir，1982、1985、1986）通过实证研究，验证了比较优势对于服务贸易的适用性，以及发达国家和发展中国家的服务贸易问题。朗哈默尔（Langhammer，1989）通过对法国、德国、日本和美国的服务贸易数据进行研究，发现要素禀赋主要决定发达国家和发展中国家的服务贸易模式。赫克曼和卡尔桑蒂（Hoekman and

Karsenty，1992）运用显示性比较优势分析发现收入水平越高的国家，服务贸易的比较优势越大。

2.5.2　服务业 FDI 的理论与实证研究

1. 服务业 FDI 的决定因素与进入方式

巴克利和卡森（Buckley and Casson，1985）、鲍德温（Boddewyn，1986）、李和古星格（Li and Guisinger，1992）以及弗农（Vernon，1994）等都认为服务企业的国际扩张动因与制造业相同，指出制造业跨国公司理论可以应用于对服务业跨国公司的研究。邓宁（Dunning，1989）指出国际生产折衷范式（OLI）的基本框架适用于服务业跨国公司，并重新阐述了三优势在服务企业的具体表现。

（1）所有权优势（Ownership‑Specific Advantages）。对服务企业而言，服务的特点决定了其所有权优势的影响因素不尽同于制造业企业。服务业国际投资的主体有两个部分：一类是制造业的跨国公司投资于服务业，这类服务企业的所有权优势来自于与母公司的协同效应，如跨国石油公司经营轮船运输业，其优势来自于母公司的全球业务网络；另一类是来自纯粹提供服务产品的服务业跨国公司，根据邓宁（Dunning，1989）纯粹服务业跨国公司其所有权优势主要表现在：第一，质量控制。服务产品具有不可储存和异质性等特点，服务质量成为服务企业竞争优势的重要来源。第二，创新能力。同制造业企业一样，创新形成了服务业跨国公司的竞争优势。如跨国零售企业家乐福率先采用的大卖场概念，帮助其在开拓海外市场中取得成功。第三，范围经济。许多服务的利用率和价格都依赖于销售商的范围经济。如零售商提供的服务网络，能为消费者提供多样化选择以及高质量、低折扣的产品；同时批量采购能赋予企业一定的议价能力以及质量和服务控制能力。第四，规模经济和专业化。这种优势在使企业获得利润的同时还能够分散风险。第五，技术和信息。服务业的软技术（管理、信息和经验等）如同制造业的硬技术一样，是企业获取竞争优势的重要来源。第六，获得投入或进入市场的有利机会。安全的并优先使用投入品或销售市场以及市场准入的企业能够获得一种超越对手的竞争优势。

27

（2）内部化优势（Internalization-specific Advantages）。跨国企业可以通过在内部运用自己的所有权优势，来节约或消除交易成本。内部化理论回答了跨国企业为什么要将独占的信息（技术、知识和管理经验等）在内部让渡，而不通过外部市场转让给局外人。邓宁和鲁格曼（Dunning and Rugman，1985）指出跨国企业对技术等中间品的独占，只不过是造成市场不完善（市场失效）的诸多因素之一。市场失效包括结构性失效和交易性失效。非股权安排已成为跨国企业发挥内部化优势的重要方式。

（3）区位优势（Location-specific Advantages）。区位优势是由东道国因素决定的，跨国公司只能对其加以适应和利用。鲁明泓（1999）将对外直接投资的区位因素划分为制度因素和非制度因素两大类。其中制度因素包括：贸易壁垒、对外资的态度、双边投资保护、金融管理制度、企业运营障碍、地区整合以及法律完善制度等。非制度因素包括：市场规模、市场增长率、劳动和原材料成本等、基础设施和配套服务、与投资国的地理距离和文化差距等方面。李春妮（2007）将服务业对外直接投资的区位分为与制造业相同的因素以及服务业 FDI 的特定区位因素两部分。与制造业相同的区位选择因素包括：市场规模和市场潜力、基础设施发展水平、东道国产业发展水平、东道国贸易开放程度和进出口规模、劳动力资源和劳动力成本以及直接投资的积聚趋势等。服务业的特定区位因素包括：人力资本存量、其他行业的内流直接投资、投资政策等方面。

早期的实证研究基本都围绕 OLI 范式对服务业跨国公司的适用性进行研究，如鲁贝（Grube，1977）、鲁格曼（Rugaman，1981）、格雷（Gray，1981）、亚诺普洛斯（Yannopoulos，1983）、卓（cho，1983）、佩切奥（Pecchioli，1983）、威尔斯（wells，1983）、安迪维克（Enderwick，1989）以及希尔斯（SeevHirsch，1993）等。李佳涛和古星格（Jiatao Li and Guisinger，1992）对日本、西欧和北美的服务业跨国公司海外投资的影响因素进行研究，发现除了要考虑服务的不可贸易性之外，不需要用单独的范式来解释服务业对外直接投资行为。李佳涛（Jiatao Li，1994）通过国家层面和企业层面的数据分析发现经济增长成为发展中国家吸引外资最重要的因素。

关于 FDI 进入方式的研究由来已久，主要探讨影响跨国企业进入方式行为选择的因素和条件，而大部分文献是针对制造业的研究。关于服务业 FDI 进入模式的研究还相对较少，邓宁（Dunning，1989）对不同服务行业所倾向于采取的进入模式进行了分类和总结（见表 2-3），认为服务业跨国公司更多地选择合资经营或非股权安排。邓宁和埃里森（Dunning and Alison，2002）研究了服务企业竞争优势来源问题，发现知识密集型服务业跨国公司的竞争优势与企业的跨国程度有关，由并购方式进入获得的竞争优势要大于绿地投资和非股权安排。

表 2 – 3 不同投资模式下的服务企业类型

进入模式	企业类型
股权投资	一、银行金融服务业以及多数信息密集型专业服务业（如管理咨询、计算机服务、旅行社和航空运输）； 二、热衷于前向一体化，以确保生产效率、保证最终产品质量以及赢得顾客信赖的企业，这类公司通常以其商标或形象著称； 三、与贸易相关的服务业，这类企业大多归非服务性跨国企业所有。
合资或非股权协议	一、旅馆、饭店、汽车租赁公司，在这些行业中订约双方往往以管理合同或特许经营协议来履行要求； 二、对本土化知识需求更为迫切，而且产品也须针对客户进行专业化生产的服务企业。包括企业服务业与广告业以及会计、法律服务业； 三、为减少市场营销成本的服务企业，许多新成立的或较小的制造业跨国公司都愿意与当地销售代理或服务企业联手，或以特许加盟的形式参与； 四、类似于投资银行、保险等服务企业。

资料来源：根据 Dunning（1989）整理。

2. 发展中国家服务业 OFDI 的相关研究

很多学者在传统理论基础上，通过理论的拓展和修正尝试对发展中国家的对外直接投资进行解释，而这种理论的扩展主要是对 OLI 范式的扩展。如威尔斯（Wells，1983）的小规模生产技术理论认为低收入国家市场需求规模有限，大规模的生产技术无法在小规模需求市场中获益，许多发展中国家则正是因为开发了满足小规模市场需求的生产技术，从而获得了竞争优势。劳尔（Lall，1983）的技术地方化理论认为发展中国家通过对进口技术和产品进行改造，使得他们的产品更好地满足当地或邻国市场的需求，从而产生独特竞争优势。维特等（Witt et al.，2007）提出的制度适应性理论认为，发展中国家落后的制度约束是逼迫国内企业在相对较早阶段就开始国际化的外在"动力"，即发展中母国的制度风险越大，企业越倾向通过国际化来逃避母国的制度约束。李羽中（1998）、赵春明和何艳（2002）、程惠芳和岑丽君（2010）以及顾露露和里德（Robert Reed，2011）等都利用这些基于 OIL 范式的拓展来解释发展中国家对外投资现象的理论，来解释中国企业的对外直接投资行为。另外，不具有所有权优势的发展中国家的跨国公司，在全球生产网络下通过合资、合作以及贸易的方式与其他企业实现资源共享，获得对外直接投资所需要的知识和能力。小泽（Ozawa，1992）指出发展中国家的对外投资是比较优势动态变化的结果。

罗（Luo，2002）、马修斯（Matthews，2002）以及蔡尔德和罗德杰斯（Child and Rodrigues，2005）认为发达国家跨国公司的投资行为，对东道国企业（发展中国家）产生了技术外溢，弥补了东道国企业的比较劣势，提高发展中国家企业对外直接投资的竞争力。马凯奴等（Makino et al.，2002）认为当跨国公司向比母国更不发达的国家投资时，他们有机会利用自己的优势资源；当跨国公司向比母国更发达的国家投资时，他们有机会利用东道国先进的技术、管理和营销技能等战略资源。李卓等（2006）、张为付等（2011）也从这个角度解释中国的对外直接投资行为。同时，发展中国家跨国公司对外投资时母国政府的政策支持，在一定程度上可以构成跨国公司的所有权优势。张为付（2008）以及裴长洪等（2010）都从政策支持的角度解释了中国的对外直接投资行为。

同时很多学者针对中国对外直接投资决定因素进行了实证分析，张新乐等（2007）、徐雪等（2008）、谢杰等（2011）、李磊等（2012）从对外直接投资的区位选择的视角进行研究；李泳（2009）、刘迎秋等（2009）、张建红等（2010）、张燕和谢建国（2012）以及戴翔等（2013）等从母国或者企业自身的角度，揭示我国企业走出去的影响因素。田巍和余淼杰（2012）发现生产率对企业的海外投资具有显著影响。戴翔（2013）利用全国行业面板数据，考虑多个控制变量，考察生产率是否是决定中国企业"走出去"的关键因素。

2.5.3　服务外包的理论与实证研究

随着信息技术的高速发展和应用、服务外包作为一种新的企业组织形式迅速兴起，影响着跨国公司的全球生产组织模式以及管理实践，引起国内外学者的高度关注。本书的研究涉及的主要是服务业离岸外包，因此本部分的文献主要集中在对离岸服务外包的研究上。在理论研究上，外包的动因主要基于降低成本、强化核心能力以及国际分工深化的角度展开的，比较著名的理论有比较优势论、产业间贸易论，以及离岸外包模型，表 2 - 4 总结了服务业离岸外包的主要理论研究。

表 2 - 4　　　　　　　　　　离岸外包研究的主要理论贡献

理论学派	理论基础	主要研究成果
比较优势论	基于要素禀赋差异的比较优势不同	Feenstra 和 Hanson（1996）建立由要素禀赋差异引起的外包和中间品贸易的国际贸易模型； Grossman 和 Helpman（2002a）建立关于生产和贸易的一般均衡模型，提出外包氏为了降低中间投入品的生产成本，利用国别差异带来的比较优势； Deardorff（2005）建立由要素禀赋和技术差异相互作用引起的外包模型，要素禀赋的差异程度决定北方国家的非技术性劳动者是否收益。
产业间贸易论	规模经济边际成本递减垄断竞争	Yi（2003）构建动态贸易模型，论证技术进步和组织创新使生产分割成为可能，贸易壁垒的降低使生产环节在不同国家展开成为可能，国际外包因此产生； Grossman、Helpman 和 Szeidl（2004）从规模经济的角度建立离岸外包的分析框架，通过外包将复杂产品的生产分解为多个环节并由多个厂商共同生产，从而可以实现规模经济并降低生产成本。
离岸外包模型	直接投资理论比较优势差异短缺要素互补产业组织论	Markusen（2005）结合服务离岸外移的主要特征，利用比较优势论和新贸易投资理论，构建白领服务外包的离岸外包模型； Grossman 和 Helpman（2003）建立外包和 FDI 的一般均衡模型，提出生产成本的差异程度、契约的不完全程度以及相对工资差异等因素会影响产业生产组织模式； Spencer（2005）综合运用国际贸易理论、产业组织论以及契约理论，指出专业化投资、不完全契约及寻找和匹配生产要素是国际外包的主要决定因素； Kletzer（2005）提出国际投资领域从制造业向服务业转移以及信息技术的飞速发展推动了服务外包的发展。
外包选择模型	竞争优势核心能力资源基础论	Kim 和 Song（2001）指出，资源基础理论能够代替交易成本理论和组织要素理论，从而有效解释外包活动的产生； Steensma 和 Corley（2002）指出，如果 IT 活动能使企业的竞争优势得以延续，则企业会选择内部化的生产策略； Tomas 和 Victor（2005）认为，企业将非核心的业务外包给外部的服务商后，可以集中其有限的资源发展核心业务，以增强企业的核心竞争力； Rodriguez 和 Victor（2006）以资源基础观为基础，考察了酒店行业信息系统外包的决定因素，酒店业 IT 资源的价值越高，管理者越倾向于将此活动内部化，反之则进行外包。

资料来源：江小涓（2008）P：107 以及作者整理。

除了从理论角度解释服务外包的动因，还有很多学者对服务外包的经济效应进行研究，如利维（Levy，2005）、萨缪尔森（Samuelson，2004）、舒尔茨（Schultz，2004）、埃米特和魏（Amiti and Wei，2004、2005）、布雷纳德和利坦（Brainard and Litan，2004）、瑟沙塞和吉普塔（Seshasai and Gupta，2004）、曼（Mann，2004）、格罗格和汉勒（Grog and Hanley，2003）、吉尔马和格罗格（Girma and Grog，2004）、芬斯特拉和汉森（Feenstra and Hanson，1997、1999、2001）、谢和伍（Hsieh and Woo，2005）、格鲁斯曼和汉斯贝格（Grossman and Rossi - Hansberg，2008）、米特拉和兰詹（Mitra and Ranjan，2008）以及卡拉贝和迈凯伦（Karabay and McLaren，2010）等。

国内学者关于服务外包的研究也很丰富，大部分文献是从理论角度揭示中国承接服务外包问题，相关的实证研究还很少。荆林波（2005）、杨丹辉（2009）认为企业选择服务外包的动机更多的是基于强化企业核心能力。张远鹏（2003）从产品价值链理论出发，把外包归结为国际分工的新变化。吕政、杨丹辉（2006）认为离岸外包主要遵循比较优势的国际分工基本原则，离岸外包成果国际产业转移的主要方式。陈菲（2005）从外部环境动因和内部推动力两方面实证检验美国服务外包的动因。卢锋（2007）从产品内分工视角解释了服务外包产生的原因。

2.6　文　献　述　评

异质性企业贸易理论从企业微观视角揭示异质性企业参与贸易和投资活动的原因，主要解释异质性企业国际市场进入模式选择以及异质性企业国际生产组织模式选择。大量的理论和实证研究集中在异质性企业的国际市场进入方式选择，在企业异质性表现在生产率差异的情况下，企业的生产率水平成为企业是否参与国际市场以及以何种方式参与国际市场的重要决定因素，而主要结论为生产率最低的企业只能供应国内市场；生产率较高的企业会选择供应国外市场；而在参与国际市场的企业中，生产率最高的企业会选择FDI的方式，生产率次高的企业选择出口的方式；在以FDI方式进入国际市场的企业中，企业会选择跨国并购或绿地投资的方式，但是此时生产率不是决定企业 FDI 方式选择的唯一因素，在不同行业中异质性企业的选择不同。在异质性企业全球生产组织模式选择上，生产率也是重要的决定因素，生产率最高的企业会选择垂直 FDI 的方式生产中间投入品；生产率较低的企业会选择离岸外包的组织模式。

关于服务业全球化的文献也很丰富，主要集中在利用传统贸易理论和新贸易理论来揭示服务贸易和服务业 FDI 行为。但是随着发展中国家参与全球化的程度越来越高，以发达国家为研究主体产生的服务贸易、服务业 FDI 和服务外包理论能够解释发展中国家服务企业的对外贸易和投资行为还有待检验。

综合现有文献来看，异质性企业贸易理论最突出的特点就是用企业异质性研究企业的贸易和投资行为。而国外文献主要集中在以制造业企业为研究主体的视角上，鲜有涉及服务企业的研究，这说明异质性企业贸易理论的研究领域和视角还需扩展和延伸。

服务贸易和服务业 FDI 占据世界贸易和投资的大部分，将异质性企业贸易理论拓展到对异质性服务企业的贸易和投资行为进行研究，具有重要的理论意义，这也代表着该领域未来的研究方向。本书尝试从异质性服务企业的视角，利用异质性企业贸易理论解释异质性服务企业出口、FDI 与外包的选择。另外大部分实证文献都是从发达国家角度展开的，关于发展中国家异质性企业对外贸易和投资行为的研究还较少，本文尝试利用中国行业和企业层面的数据，从发展中国家视角利用异质性企业贸易理论解释发展中国家异质性服务企业的对外出口、FDI 与外包的选择。

第 3 章 异质性服务企业国际市场进入模式的选择：出口与 FDI

3.1 引　言

本章主要研究异质性服务企业国际市场进入模式的选择，即在满足一定的生产率条件时，服务企业会选择以出口的方式还是 FDI 的方式进入国际市场。在本章中，首先，结合服务企业自身的特征，从理论上对基本模型做进一步补充和扩展，得出异质性服务企业国际市场进入模式选择的生产率条件；其次，利用数据包络分析方法来测算中国服务业各细分行业的全要素生产率，通过实证分析来检验服务企业的生产率条件在出口与 FDI 选择中的决定作用；然后，结合异质性企业贸易理论与传统贸易理论和传统 FDI 理论，利用中国服务业细分行业的数据来检验中国服务贸易出口以及服务企业对外 FDI 的决定因素；最后，利用全球最大的服务业跨国公司及发展中国家最大的服务业跨国公司的企业层面数据，对这一前沿理论在服务业领域的适用性做进一步检验。

3.2 异质性服务企业出口与 FDI 的选择：理论模型的扩展

异质性企业会选择出口还是 FDI 的方式进入国际市场？赫尔普曼等（Helpman et al.，2004）建立了一个基本的研究框架，开创了该领域的研究。赫尔普曼等（Helpman et al.，2004）是在继承了梅里兹（Melitz，2003）的基本假定的基础上，引入异质性企业在出口与 FDI 选择时面临不同的成本。出口面临较低的固定成本（沉没成本），以及较高的单位成本（运输、关税等）；FDI 面临较高的固定成本（在海外建立分支机构），但较低的单位成本。企业就是基于不同选择下的成本和收益，根据利润最大化的目标而做出最终的选择。赫尔普曼等（Helpman et al.，2004）研究发现，生产率最高的企业会采取 FDI 的方式进入国际市场；生产率次高的企业会选择出口的方式进入国际市场；生产率较低的企业只能供应国内市场；生产率最低的企业停止生产并退出市场。企业异质性程度越高的行业，越多的企业采取 FDI 的方式供应国外市场。

　　本章的理论分析框架是对异质性企业贸易理论框架的一个扩展，在原框架的基础上考虑到服务产品的异质性，建立适用于解释异质性服务企业国际市场进入模式选择的理论模型。模型以赫尔普曼等（Helpman et al.，2004）为参考和基础，并结合耶普尔（Yeaple，2009）、陈和穆尔（Chen and Moore，2010）的研究对基本模型进行扩展。本章模型与原有模型不同的点在于：第一，本章模型假定企业了解自身的生产率水平，因此能够根据自身生产率条件决定国际化的模式选择，明确是否应该进入市场以及国际市场，同时也明确应该以何种方式进入国际市场。企业通过"试错改错"的方法能够明确自身应有的选择，在此基础上分析异质性服务企业国际市场进入模式的选择和均衡条件。而赫尔普曼等（Helpman et al.，2004）的模型假定企业对自身的生产率是不确定；第二，本章模型以异质性服务企业为研究对象，根据服务产品的特性，假定所有服务产品都是异质的，而赫尔普曼等（Helpman et al.，2004）假定一个部门生产同质产品。

3.2.1　基本假设

　　与赫尔普曼等（Helpman et al.，2004）不同，我们假设有 N 个国家，H 个部门利用单一生产要素——劳动来生产异质性服务产品（由于服务产品本身具有的异质性特征，不同企业生产的服务产品都是有差异的）。假设一个外生给定的收入比例 β_h 用来消费 h 部门生产的异质性服务产品，有 $\sum_h \beta_h = 1$。再假定 i 国的劳动禀赋为 L^i，工资率为 w^i。

　　现在考虑一个生产异质性服务产品的特定部门 h，根据梅里兹（Melitz，2003）要进入某一特定行业，企业必须承担一项初始投资，称之为固定的进入成本 $f_E > 0$，这是一项沉没成本，可以用劳动单位表示，对所有企业来讲都是相同的。我们用 $\varphi > 0$ 表示企业的生产率水平，不同企业的生产率水平不同，φ 越大表示企业的生产率水平越高，同时 $1/\varphi$ 越小，表示企业生产的边际成本越小。但是与梅里兹（Melitz，2003）、赫尔普曼等（Helpman et al.，2004）不同的是，我们假定企业明确自身的生产率水平，在了解进入市场要面临一定的固定进入成本时，企业能够自主决定是否要进入该市场。

进一步假定，一个企业可以决定不进行生产而退出这个行业；但如果企业决定生产并留在这个行业，那么它必须承担一种额外的固定营业成本（Fixed Overhead Costs）f_D，用劳动单位表示；如果企业选择以出口的方式进入国际市场时，在每一个国外市场它又面临另外一种固定成本 f_X，这种成本类似于在国内生产并服务于国内市场时建立服务和分销网络产生的固定成本 f_D，因为在国外市场上同样需要建立分销和服务网络；如果企业选择以 FDI 的方式进入国际市场，那么它在每一个国外市场都必须承担的额外固定成本为 f_I，其中，包括建立分销和服务网络的成本，也包括在外国市场建立分支机构并生产经营的成本。通常认为 $f_I > f_X$，$f_I - f_X$ 表示该部门工厂层面的规模收益，也可以反映部分固定进入成本（f_E），因为在进行 FDI 时需要在国外建立新的分支机构。

赫尔普曼等（Helpman et al.，2004）指出，对于物品产品而言，要从 i 国运输到 j 国，需要承担的冰山运输成本 $\tau_{ij} > 1$，即必须从 i 国运输 τ_{ij} 单位的产品才能有 1 单位产品到达 j 国。对于服务产品应该也满足这种特性，虽然服务产品不像物品产品那样在运输过程中存在数量的损耗，但经过运输，一定程度上会产生效用的损耗。汉森和项（Hanson and Xiang，2008）指出，u 国电影出口到 k 国，对 k 国消费者而言，进口电影相对国产电影效用会减少 $\delta_{uk} > 0$，这表示在运输过程中电影价值的损失比例，在文化和语言越接近的国家，δ_{uk} 越小。我们结合赫尔普曼等（Helpman et al.，2004）和汉森和项（Hanson and Xiang，2008）的观点，用 $\delta^{ij} > 1$ 表示服务产品从 i 国运输到 j 国产生的冰山成本，同时假设地理距离越相近，文化背景和语言越相似的国家，在服务产品运输中产生的 δ^{ij} 越小，反之越大。在企业进入这个行业后，生产活动是在垄断竞争模型下进行的。

3.2.2　模型分析

1. 消费

假设消费者对不同部门生产的不同类服务产品的偏好为标准的 CES（Constant Elasticity of Substitution）形式，根据梅里兹（Melitz，2003）、赫尔普曼等（Helpman et al.，2004）消费者的效用函数可以设定为：

$$U = \left[\int_0^n q(\omega)^\alpha d\omega \right]^{1/\alpha} \tag{3.1}$$

这里 n 表示一国可利用的商品类别的数量。$0 < \alpha < 1$，这些商品之间是可以相互替代的，两种商品间的不变替代弹性为 $\varepsilon = 1/(1 - \alpha) > 1$。根据迪克西和斯蒂格利茨（Dixit and Stiglitz，1977），可以把消费者消费的所有类商品当作一种综合商品 $Q \equiv U$，那么综合商品的价格为：

$$P = \left[\int_0^n p(\omega)^{1-\varepsilon} d\omega \right]^{1/1-\varepsilon} \tag{3.2}$$

根据综合商品的 P 和 Q 可以推导出 i 国消费者对某一类商品的最优消费（需求函数）和支出水平：

$$q^i(\omega) = \frac{\beta E^i p^{-\varepsilon}}{\int_0^{n^i} p^i(\omega)^{1-\varepsilon} d\omega}, \quad e^i(\omega) = E^i p^{1-\varepsilon} \tag{3.3}$$

这里，$E^i = PQ = \int_0^{n^i} e(\omega) d\omega$ 表示 i 国的总支出水平，n^i 表示 i 国生产的产品类别的数量，$p^i(\omega)$ 表示 i 国 ω 类商品的价格。

2. 生产

H 个部门中的每一个企业都选择一种不同类的服务产品 ω 进行生产，生产过程中只使用单一要素——劳动。进入该部门的企业每单位产出的劳动投入系数为 a，其分布函数为 G（a）。则单位劳动的产出——劳动生产率为 1/a，我们用 $\varphi = 1/a$ 表示企业的生产率水平。提供不同类服务产品的垄断竞争厂商的销售价格为 $p = w^i a/\alpha = w^i/\varphi\alpha$，这里 w^i 表示 i 国的工资率，$1/\alpha$ 表示成本加成。生产率水平越高的企业，一方面可以用较低的边际成本生产相同的产品；另一方面，可以用相同的成本生产质量更高的产品。因为消费者对不同类产品具有不变替代弹性

ε，所以每个企业都面临具有相同弹性的剩余需求曲线，因此每个企业都拥有相同的成本加成 $1/\alpha = \varepsilon/(\varepsilon-1)$。

垄断竞争厂商的供给价格也就是消费者在国内市场消费该种商品时的消费价格，不管这种商品是由国内厂商提供还是由国外企业的分支机构提供，价格都为 $w^i/\varphi\alpha$。而如果商品是来自 j 国具有相同生产率水平的出口商，那么进口商品的价格必须考虑"冰山成本"，进口商品在国内市场的销售价格为 $\delta^{ji} w^i/\varphi\alpha$。

来自 i 国的企业可以供给国内市场，也可以供给国外市场 j。要进入 j 国市场，i 国的企业可以选择以出口的方式或者选择在 j 国建立分支机构生产并销售的方式，即在 j 国开展 FDI。企业要根据临近—集中权衡（proximity-concentration trade-off）来选择参与 j 国市场的方式；相对于以出口的形式供应 j 国市场，FDI 能够更多地节约运输成本，但是需要在国外建立分支机构进行生产，因此要承担更高的固定成本（这里的 FDI 主要指水平型 FDI，即在国外生产并供应国外市场，排除 FDI 的再出口）。在均衡时，没有企业会在同一国外市场同时采取这两种参与方式。我们假设：

$$\left(\frac{w^j}{w^i}\right)^{\varepsilon-1} f_I > (\delta^{ij})^{\varepsilon-1} f_X > f_D \tag{3.4}$$

为了分析方便，我们假设每个国家的工资率水平都标准化为 $w^i = 1$。

根据前面分析的需求函数 $q^i(\omega) = \dfrac{\beta E^i p^{-\varepsilon}}{\int_0^{n^i} p^i(\omega)^{1-\varepsilon} d\omega}$，为简化式子，

我们令 $A^i = \beta E^i / \left[\int_0^{n^i} p^i(\omega)^{1-\varepsilon} d\omega\right]$，当 $p = 1/\varphi\alpha$ 时，总产出为：$Q = A^i(1/\varphi\alpha)^{-\varepsilon}$。总收益 $R = pQ = A^i(1/\varphi\alpha)^{1-\varepsilon}$。在 CES 效用函数下，可变成本为：$C = \alpha A^i(1/\varphi\alpha)^{1-\varepsilon}$。则企业在国内市场生产并销售的利润可表示为 $\pi_D^i = (1-\alpha)A^i(1/\varphi\alpha)^{1-\varepsilon} - f_D$，令 $B^i = (1-\alpha)A^i/\alpha^{1-\varepsilon}$，则

$$\pi_D^i = B^i(1/\varphi)^{1-\varepsilon} - f_D \tag{3.5}$$

按照相同的计算方法，我们可以得到 i 国企业出口到 j 国市场可以获得的利润为：

$$\pi_X^{ij} = B^i(\delta^{ij}/\varphi)^{1-\varepsilon} - f_X \tag{3.6}$$

i 国企业通过 FDI 进入 j 国市场可以获得的利润为：

$$\pi_I^j = B^j(1/\varphi)^{1-\varepsilon} - f_I \tag{3.7}$$

在两国具有相同的需求水平，即 $B^i = B^j$ 时，我们可以在一个图形中画出三条利润曲线图（如图 3 - 1），其中横轴表示 $(1/\varphi)^{1-\varepsilon}$，因为 $\varepsilon > 1$，生产率水平 φ 越大，则 $1/\varphi$ 越小，$(1/\varphi)^{1-\varepsilon}$ 越大，所以三条利润曲线都随生产率的提高而单调递增。即在这三条利润曲线上可以看出，生产率水平越高的企业从事这三项活动（国内生产、出口和FDI）所获得的利润也越高。图中的两条利润曲线 π_D^i 和 π_I^j 的斜率相同，曲线是平行的（因为前面已经假设 $B^i = B^j$），但是 π_I^j 位于 π_D^i 的下方，这是因为 FDI 生产相比国内生产要承担更高的固定成本 $f_I > f_D$，所以相同生产率水平下的企业在从事 FDI 生产时获得的利润要小于国内生产的利润。π_X^{ij} 曲线相对另外两条曲线比较平坦，斜率较小，因为在出口时，企业必须要承担贸易成本 $\delta^{ij} > 1$，相当于增加了企业的边际成本，因而利润增加的速度变缓。

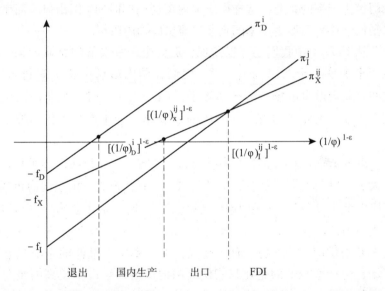

图 3 - 1　异质性服务企业国内销售、出口销售以及 FDI 销售的利润曲线
资料来源：Helpman 等（2004）。

3. 均衡的分析

根据 FDI 和出口所需承担固定成本关系的不等式 $f_I > (\delta^{ij})^{\varepsilon-1}f_X$，可以得出这样的结论：对生产率较低的企业来讲，出口获得的利润要大于 FDI 获得的利润；但是对生产率较高的企业来讲，FDI 获得的利润能够超过出口获取的利润。据此，我们可以得到一个门槛生产率水平（cut-off productivity），在这样一个生产率水平下，出口和 FDI 所获取的利润相等，当企业的生产率水平小于门槛生产率时，出口是一个更好的选择；而当企业的生产率水平大于门槛生产率时，FDI 能够获得更多的利润。在图 3-1 中，决定企业出口与 FDI 选择的门槛生产率为 $[(1/\varphi)_I^{ij}]^{1-\varepsilon}$ 中的 φ，在这一生产率水平上企业 FDI 的利润为零。

根据出口与国内生产所需承担固定成本关系的不等式 $(\delta^{ij})^{\varepsilon-1}f_X > f_D$，可以得出 $[(1/\varphi)_X^{ij}]^{1-\varepsilon} > [(1/\varphi)_D^i]^{1-\varepsilon}$ 这样的关系，从而得出结论：生产率较低的企业从事出口及 FDI 业务时，其获得的利润为负，因此这些企业不会供应国外市场，他们只能供应国内市场（不出口）。图 3-1 中决定出口与否的企业门槛生产率为 $[(1/\varphi)_X^{ij}]^{1-\varepsilon}$ 中的 φ，在这一个生产率水平上，企业出口时的利润为零。因此，生产率水平超过这一门槛生产率的企业会选择供应国内市场的同时向 j 国出口，而生产率水平低于这一门槛生产率的企业只能供应国内市场。

从图 3-1 中我们还可以发现，那些生产率最低的企业如果他们的生产率水平小于 $[(1/\varphi)_D^i]^{1-\varepsilon}$，他们在国内市场中获得的利润为负，这些企业会退出市场。生产率等于 $[(1/\varphi)_D^i]^{1-\varepsilon}$ 时，企业国内生产的利润为零，因此 $[(1/\varphi)_D^i]^{1-\varepsilon}$ 中的 φ 就是企业生产与否的门槛生产率水平。

综合来看，生产率小于 $[(1/\varphi)_D^i]^{1-\varepsilon}$ 时，企业只能退出市场；生产率大于 $[(1/\varphi)_D^i]^{1-\varepsilon}$ 而小于 $[(1/\varphi)_X^{ij}]^{1-\varepsilon}$ 时，企业只供应国内市场；生产率大于 $[(1/\varphi)_X^{ij}]^{1-\varepsilon}$ 而小于 $[(1/\varphi)_I^{ij}]^{1-\varepsilon}$ 时，企业会选择以出口的方式供应国外市场；生产率大于 $[(1/\varphi)_I^{ij}]^{1-\varepsilon}$ 时，企业会选择在 j 国开展 FDI 来供应 j 国市场。简单地说，生产率水平最低的企业只能退出市场；生产率较低的企业只能供应国内市场；生产率较高的企业会进入国外市场；而在这些决定进入国外市场的企业中，生产率最高的企业以 FDI 的方式进入国外市场，生产率次高的企业以出口的方式进入国外市场。

接下来，我们要确定决定企业行为的均衡条件和门槛生产率的确定。从图 3-1 中很容易发现，门槛生产率水平 $[(1/\varphi)_D^i]^{1-\varepsilon}$、$[(1/\varphi)_X^{ij}]^{1-\varepsilon}$、$[(1/\varphi)_I^{ij}]^{1-\varepsilon}$，分别是在 $\pi_D^i=0$，$\pi_X^{ij}=0$，以及 $\pi_X^{ij}=\pi_I^j$ 三个条件满足时得到的。

在 $\pi_D^i = 0$ 时，对任意的 i 国，可以求得生产与不生产的门槛生产率：

$$\left[(1/\varphi)_D^i\right]^{1-\varepsilon}B^i = f_D \tag{3.8}$$

在 $\pi_X^{ij} = 0$ 时，对任意的 $i \neq j$，可以求得是否进入国际市场的门槛生产率：

$$\left[\delta^{ij}(1/\varphi)_X^{ij}\right]^{1-\varepsilon}B^j = f_X \tag{3.9}$$

在 $\pi_X^{ij} = \pi_I^j$ 时，对任意的 $i \neq j$，可以求得企业出口与 FDI 选择的门槛生产率：

$$\left[1-(\delta^{ij})^{1-\varepsilon}\right]\left[(1/\varphi)_I^{ij}\right]^{1-\varepsilon}B^j = f_I - f_X \tag{3.10}$$

梅里兹（Melitz，2003）推导出的自由进入条件（Free Entry Condition）确保潜在进入者进入市场时获得的利润等于固定的进入成本 f_E。为简化表达式，用 $a = 1/\varphi$ 表示，潜在进入者的预期利润为：

$$\int_0^{a_D^i}\left[a^{1-\varepsilon}B^i - f_D\right]dG(a) +$$

$$\sum_{j\neq i}\left\{\int_{a_I^{ij}}^{a_X^{ij}}\left[(\delta^{ij}a)^{1-\varepsilon}B^j - f_X\right]dG(a) + \int_0^{a_I^{ij}}\left[a^{1-\varepsilon}B^j - f_I\right]dG(a)\right\} \tag{3.11}$$

41

为进一步简化表达式，我们用 $V(a) = \int_0^a y^{1-\varepsilon}dG(y)$ 替换上式中的积分式，则对任意的 i 国，企业自由进入条件（FE）可以表示为：

$$V(a_D^i)B^i + \sum_{j\neq i}\left[1-(\delta^{ij})^{1-\varepsilon}\right]V(a_I^{ij})B^j + \sum_{j\neq i}(\delta^{ij})^{1-\varepsilon}V(a_X^{ij})B^j$$

$$-\left[G(a_D^i)f_D + \sum_{j\neq i}G(a_I^{ij})(f_I - f_X) + \sum_{j\neq i}G(a_x^{ij})f_X\right] = f_E \tag{3.12}$$

根据三个零利润条件以及自由进入条件四个方程，可以求得临界点上的 a_D^i，a_X^{ij}，a_I^{ij} 以及各国的需求水平 B^i。根据 $a = 1/\varphi$，可以求得门槛生产率水平 φ_D^i，φ_X^{ij} 以及 φ_I^{ij}。我们没有计算具体的门槛生产率水平的值，但是根据上述均衡条件我们可以发现，企业的门槛生产率水平主要取决于以下因素：首先，企业在决定是否进入市场时，要考虑一是固定的市场进入成本，进入成本越高则进入市场的门槛生产率也越高；二是市场需求，市场需求越大，则进入市场所要求的生产率水平越低，即企业更容易进入市场。同理，我们也可以发现，企业在决定是否要进入国际市场时，同样受出口的固定成本和国外市场需求影响，出口的固定成本越小，国外需求越大，则门槛生产率水平也越小，那么会有更多的企业进入国际市场；其次，而企业出口与 FDI 的抉择取决于三个因素，一是 FDI 与出口所面临的固定成本的差额，差额越大，则开展 FDI 时所要求的生产率越高；二是国外市场需求，国外需求越大，企业开展 FDI 的门槛生产率要求越低，越容易进行 FDI；三是贸易的可变成本，运输成本越高，越有利于开展 FDI，即 FDI 要求的门槛生产率水平越低。

赫尔普曼（Helpman et al.，2004）指出对称国家的假设：所有国家的各种固定成本都相等，生产率的分布函数也相同，每一组国家间的运输成本也相同；国家规模有差异，但只要各国的规模差距不是太大，工资水平也相同。在这样的假设条件下，所有国家的门槛生产率水平和需求水平都是相同的。但是大国会吸引大规模的潜在进入者（潜在进入者的比例大于国家规模的比例），以及大规模的生产销售者（因此该国生产的产品种类也更多）。同时，在较大的市场中，国内企业相对国外企业在母国市场拥有更大的市场份额。

3.2.3 模型结论

第一，异质性服务企业根据生产率的差异来选择是否参与国际市场以及在参与国际市场时出口与 FDI 的选择，只有生产率较高的企业会服务于国外市场，其中，生产率最高的企业会选择以服务业 FDI 的形式参与国外市场，而生产率较低的企业会通过服务贸易出口的方式供应国外市场。同时，服务企业无论是以服务贸易出口还是服务业 FDI 的形式参与国外市场，其都不会放弃国内市场。

第二，除了企业自身的生产率水平，固定的市场进入成本、可变成本和国内外的市场需求等都会影响异质性服务企业服务贸易出口与服务业 FDI 的选择。这种选择主要取决于两种参与方式下的固定成本与可变成本的权衡以及国外市场的需求规模。水平型服务业 FDI 的邻近—集中权衡（proximity-concentration trade-off），如果运输成本较高或国家层面的固定成本较高，或者企业的规模报酬较小，这样的部门中企业较少地选择服务贸易出口的方式参与国际市场；反之如果贸易摩擦较小，企业层面的规模收益较高，企业会更多选择服务贸易出口的形式参与国外市场。

3.3　中国异质性服务企业的选择：基于细分行业的证据

本书将以中国服务业各细分行业的面板数据来分析和验证模型分析的结论，并总结出不同的服务部门应该以何种方式参与国际市场，服务贸易出口还是服务业 FDI？根据上面的理论分析，要研究中国服务企业出口与 FDI 的选择，最关键的必须要确定代表企业异质性的生产率水平，所以我们首先估算企业生产率。根据理论研究的对象，我们应该采用中国服务业企业层面的数据来进行实证检验，然而我国企业层面的统计数据很不完善，尤其是关于服务企业的统计数据更是缺乏，因此我们只能以服务业细分行业的面板数据来替代企业数据。在接下来的实证分析中，我们利用 2003 ~ 2011 年中国服务业细分行业面板数据，通过三种不同的方法计算中国服务业各细分行业的生产率水平，然后检验生产率与服务贸易出口与服务业 FDI 的相关性。

43

3.3.1　生产率的估算

1. 全要素生产率（Total Factor Productivity，TFP）

（1）研究方法。本文采用非参数生产前沿方法对全要素生产率进行核算。法尔等（Fare et al. ，1994）拓展的 DEA - Malmquist 指数就是一种非参数方法，它的优点在于：第一，它可以弱化数据质量对结果的影响，傅勇和白龙（2009）指出 Malmquist 指数相当于对原始数据作一阶差分，能够消除各行业同方向的变化；第二，王恕立和胡宗彪（2012）指出，这种方法不需要设定具体的生产函数形式，能够避免主观判断或者错误的函数形式对结果的准确性产生影响；第三，刘兴凯和张诚（2010）提出，这种方法可以将 TFP 的动态变化分解为技术进步、纯技术效率和规模效率的变动，具有很强的政策含义和实证应用价值。根据 Malmquist 指数，需要借助于 DEA 的数学线性规划模型来确定最佳生产前沿。带默尔和洛斯（Timmer and Los，2005）指出，序列 DEA 要优于当期 DEA[①]，因此，我们运用序列 DEA 来构造最佳实践生产前沿。假设在每个时期 t = 1，2，…，T，第 h = 1，2，…，H 个行业利用 n = 1，2，…，N 种要素投入 $x_{h,n}^t$，得到 m = 1，2，…，M 种产出 $y_{h,m}^t$，用 X^t 和 Y^t 分别表示 t 时期所有行业的投入和产出向量。根据序列 DEA，每个时期在规模报酬不变（Constant Returns to Scale，CRS）和投入要素强可处置（Strong Disposability of Input）条件下的参考技术为：

$$S^t = \left\{ (x^t, y^t) : y_{h,m}^t \leqslant \sum_{h=1}^H z_h^t y_{h,m}^t ; \ x_{h,n}^t \geqslant \sum_{h=1}^H z_h^t x_{h,n}^t ; \ z_h^t \geqslant 0 \right\} \quad (3.13)$$

其中，z_h^t 表示第 h 个样本观测值的权重。S^t 就是所有可行的投入产出向量的集合，其中每一个给定投入下的最大产出子集就是生产技术的前沿。把每个服务行业基于产出的距离函数定义为：

$$D_0^t(x^t, y^t) = \inf\{ \theta : (x^t, y^t/\theta) \in S^t \} \quad (3.14)$$

其中，θ 为标量，1/θ 表示技术效率，$D_0^t(x^t, y^t)$ 就是以 t 时刻的前沿生产技术为参考的 t 的产出距离函数。它刻画的是在给定要素投入向量 $x_{h,n}^t$ 情况下，能够获得的可以使产出 $y_{h,m}^t$ 最大的扩展比例。$D_0^t(x^t, y^t) \leqslant 1$，当且仅当 $(x^t, y^t) \in S^t$，$D_0^t(x^t, y^t) = 1$ 当且仅当 (x^t, y^t) 为技术前沿边界，根据法雷尔（Farrell，1957），在这种情况下，生产是最有效率的。

根据法雷尔（Farrell，1957），技术效率是距离函数的倒数。对于第 h′ = 1，2，…，H 个行业，$D_0^t(x_{h'}^t, y_{h'}^t)$ 的倒数可以通过以下的线性规划求解：

$$(D_0^t(x_{h'}^t, y_{h'}^t))^{-1} = \max\theta^{h'} \quad (3.15)$$

$$\text{s. t.} \quad \theta^{h'} y_{h',m}^t \leqslant \sum_{h=1}^H z_h^t y_{h,m}^t ; \ x_{h',n}^t \geqslant \sum_{h=1}^H z_h^t x_{h,n}^t ; \ z_h^t \geqslant 0 。 \quad (3.16)$$

我们按照法尔等（Fare et al.，1994）的建议，根据 Malmquist 生产率指数的几何平均值来测算 TFP 的增长率及其分解。因此构造序列 DEA – Malmquist 生产率指数：

$$M_0(x^{t+1}, y^{t+1}, x^t, y^t) = \left[\left(\frac{D_0^t(x^{t+1}, y^{t+1})}{D_0^t(x^t, y^t)} \right) \left(\frac{D_0^{t+1}(x^{t+1}, y^{t+1})}{D_0^{t+1}(x^t, y^t)} \right) \right]^{1/2}$$

---

① 当期 DEA 是根据 t 期的投入产出数据来确定 t 期的最佳生产前沿，序列 DEA 是根据 t 期及以前的投入产出数据来确定 t 期的最佳生产前沿。

$$= \left(\frac{D_0^t(x^{t+1}, \ y^{t+1})}{D_0^t(x^t, \ y^t)} \right) \times \left[\left(\frac{D_0^t(x^{t+1}, \ y^{t+1})}{D_0^{t+1}(x^{t+1}, \ y^{t+1})} \right) \left(\frac{D_0^t(x^t, \ y^t)}{D_0^{t+1}(x^t, \ y^t)} \right) \right]^{1/2} = EC \times TC$$

$$(3.17)$$

这个式子刻画了从 t 期到 t + 1 期生产率的变化，并且把 Malmquist 生产率指数分解成 EC 和 TC 两部分。EC 是规模报酬不变且要素自由处置条件下的相对效率变化指数，该指数刻画了从 t 期到 t + 1 期，每个行业对最佳生产前沿的追赶。TC 是技术进步指数，刻画了技术前沿从 t 期到 t + 1 期的移动情况（增长效应）。

（2）数据处理。服务业 TFP 的测算主要涉及三类数据变量：服务业各细分行业的产出、服务业劳动投入以及服务业资本投入。

分行业服务产出。服务业产出用服务业增加值来表示。由于《中国统计年鉴》中 2003 年关于服务业细分行业增加值的统计口径与前后年份的差别很大，同时考虑到后面分析中需要用的很多数据在 2003 年以前的统计是不完备的，为了统计口径的一致性，我们选取的数据范围是 2004 ~ 2011 年中国服务业细分行业增加值数据①，数据来源于《中国统计年鉴》各期，为保证数据的可比性，所有样本数据都以 2004 年为不变价格进行指数平减。

服务业劳动投入。王恕立和胡宗彪（2012）指出，"理论上劳动投入应综合考虑劳动人数、劳动时间、劳动质量等因素，但实际研究中的指标选取最终取决于数据的可得性。"鉴于数据的可获得性，我们将《中国统计年鉴》各期中的"分行业城镇单位就业人数年底数"作为劳动投入指标的代理变量，并且用两年就业人员年底数的平均值当作当年的劳动投入水平（如 2004 年劳动投入为 2003 年底数和 2004 年底数的平均值）。

服务业资本投入。我们采用全国服务业细分行业资本存量来衡量资本投入。服务业资本存量没有直接的统计数据，在综合借鉴一些典型处理方法的基础上，我们需要对中国服务业细分行业的资本存量进行估算。目前通行的资本存量估算方法是戈登史密斯（Goldsmith，1915）的

45

---

① 具体涉及的服务行业有：交通运输、仓储和邮政业，信息传输、计算机和软件业，批发和零售业，住宿和餐饮业，金融业，房地产业，租赁和商务服务业，科学研究、技术服务和地质勘查业，水利、环境和公共设施管理业，居民服务和其他服务业，教育，卫生、社会保障和社会福利业，文化、体育和娱乐业，公共管理和社会组织等共 14 个服务行业。

永续盘存法（Perpetual Inventory Method），公式为：

$$K_{i,t} = I_{i,t} + (1 - \delta_{i,t})K_{i,t-1}$$

$$= (1 - \delta_{i,t})^t K_{i,0} + \sum_{j=1}^{t} I_{i,j}(1 - \delta_{i,t})^{t-j} \tag{3.18}$$

其中，$K_{i,t}$ 和 $K_{i,t-1}$ 分别表示 i 行业在 t 时期和 t-1 时期的资本存量，$K_{i,0}$ 表示 i 行业基期资本存量，$I_{i,t}$ 表示 i 行业在 t 时期的不不变价格投资额，$\delta_{i,t}$ 表示 i 行业在 t 时期的资本折旧率。根据上面的公式，我们要估算出服务业细分行业每年的资本存量，还需要以下的基础数据：基期资本存量、每年的投资额、投资缩减指数以及资本折旧率等。

根据哈伯格（Harberger，1978）提出的基于"稳态时资本产出比不变或物质资本增长速度等于总产出增长速度"的假定，推导出基期资本存量的估算方法：

$$K_{i,t-1} = I_{i,t} / (g_{i,t} + \delta_{i,t}) \tag{3.19}$$

同时为控制经济周期波动以及产出波动的影响，哈伯格（Harberger，1978）建议采用一段时期内的产出平均增长率来表示 $g_{i,t}$。在本文中就采用样本统计期 2004~2011 年各服务业细分行业增加值的年均增长率表示。关于折旧率 $\delta_{i,t}$ 也没有统一的标准。[1] 另外，折旧率还应该考虑到服务业内部不同行业的差异以及时间上的动态变化，但现实中要得到这样的数据是非常困难的。因此，借鉴王恕立、胡宗彪（2012），将中国细分行业各年的折旧率统一设定为 4%。

对于当年投资额，张军等（2004），刘兴凯和张诚（2010）都采用的是固定资本形成总额来衡量当年投资额，然而我国没有关于服务细分行业固定资产形成总额的统计数据。借鉴杨勇（2008）以及王恕立和胡宗彪（2012），我们采用全社会服务业细分行业固定资产投资额这一指标来表示当年投资指标。2004~2011 年的数据可以直接从《中国统计年鉴 2012》获取，各细分行业名义固定资产投资均使用全社会固定资产投资价格指数进行指数平减。

（3）估算结果。基于上述的投入变量数据，利用 DEPA2.1 软件，我们测算出中国 2004~2011 年服务业细分行业的 TFP 变化情况，见

---

① Hu 和 Khan（1997）采用的是中国官方折旧率 3.6%，Wu（2003）认为 7% 最佳，Maddison（1998）将折旧率取值为 17%。Wu（2009）采用模拟方法得到中国 31 个地区的服务业平均折旧率为 4%，世界银行（1997）、原毅军等（2009）也是用的是 4%。

表 3 - 1。

表 3 - 1　　　　　　　　全要素生产率 TFP 增长率

	2004	2005	2006	2007	2008	2009	2010	2011
交通运输、仓储和邮政业	1.13	1.161	1.152	1.106	1.062	1.032	1.152	1.126
信息传输、计算机服务和软件业	1.066	1.048	1.042	1.117	1.049	0.986	1.031	1.064
批发和零售业	0.954	0.956	1.005	1.175	1.08	0.974	1.107	1.036
住宿和餐饮业	0.978	0.929	0.935	0.935	1.018	0.984	1.025	0.978
金融业	0.822	1.097	1.258	1.259	0.952	0.989	0.978	0.991
房地产业	1.039	1.022	1.076	1.26	0.965	1.198	1.111	1.03
租赁和商务服务业	0.979	0.928	0.937	1.198	0.985	0.929	1.079	1.08
科学研究、技术服务和地质勘查业	1.004	1.027	1.060	1.278	1.017	1.047	1.079	1.097
水利、环境和公共设施管理业	1.078	1.057	1.061	1.079	1.058	1.150	1.129	1.138
居民服务和其他服务业	0.999	1.149	1.056	1.026	1.076	1.065	1.050	1.101
教育	1.011	1.066	1.037	1.163	1.094	1.151	1.115	1.169
卫生、社会保障和社会福利业	1.021	1.005	0.997	1.125	1.036	0.998	1.081	1.059
文化、体育和娱乐业	0.974	1.072	1.079	1.162	1.115	1.153	1.104	1.115
公共管理和社会组织	0.998	0.986	1.034	1.314	1.168	1.041	1.008	1.059
年度均值	1.001	1.034	1.049	1.152	1.047	1.047	1.074	1.073

资料来源：作者根据软件计算结果整理。

　　DEA 方法计算的结果反应的是年度全要素生产率的增长率，而不是全要素生产率的年度值。从上表中可以看出，交通运输、仓储和邮政业，文化、体育和娱乐业，水利、环境和公共设施管理业，以及教育等行业的全要素生产率的增长率都保持在较高水平；而住宿和餐饮业的全要素生产率增长率相对较低；金融业在近几年出现增长放缓的情形。图 3 - 2 进一步描绘出各年度总体 TFP 增长情况。表 3 - 2 对行业生产率的均值按降序排列。

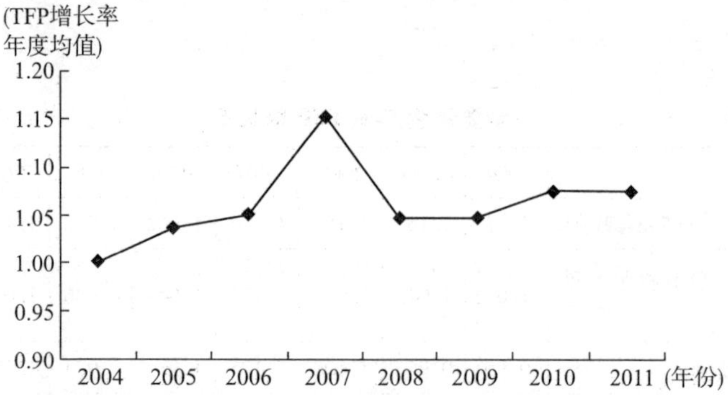

(TFP增长率
年度均值)

图 3 - 2   2004 ~ 2011 年服务业总体 TFP 年度平均增长率

资料来源：作者自制。

表 3 - 2   2004 ~ 2011 年各行业年均 TFP 增长情况按降序排列

行业	TFPCH	行业	TFPCH
交通运输、仓储和邮政业	1.114	居民服务和其他服务业	1.064
教育	1.099	信息传输、计算机服务和软件业	1.050
文化、体育和娱乐业	1.095	卫生、社会保障和社会福利业	1.039
水利、环境和公共设施管理业	1.093	金融业	1.034
房地产业	1.084	批发和零售业	1.033
科学研究、技术服务和地质勘查业	1.073	租赁和商务服务业	1.010
公共管理和社会组织	1.071	住宿和餐饮业	0.972

资料来源：作者整理。

2. 近似全要素生产率（Approximate Total Factor Productivity，ATFP）

对于全要素生产率的估算，除了前面分析的 DEA - Malmquist 指数方法外，学术界较为常用方法还有近似全要素生产率（Approximate TFP，即 ATFP）法。根据黑德和瑞斯（Head and Rise，2003）的理论，ATFP 的测算公式为：$ATFP = \ln Q/L - s\ln K/L$，$s \in [0, 1]$。其中，$s$ 表示生产函数中资本的贡献度。当 $s = 0$ 时，表明全要素生产率等于劳动生产率（Q/L）；当 $s = 1$ 时，表明全要素生产率等于资本生产率（Q/K）。在此我们借鉴朱延珺和李宏兵（2011）、李春顶和赵美英（2010）等的研究，假定 $s = 1/3$，这一假定对我国的数据具有适用性。

3. 劳动生产率（LTFP）

为了弥补 ATFP 中对 s = 1/3 设定可能存在的问题，我们再直接计算劳动生产率，用 LTFP 表示，即采用单位劳动的产出水平表示劳动生产率，在赫尔普曼等（Helpman et al, 2004）中假定劳动是唯一的投入要素，因此生产率就是指劳动生产率。劳动生产率的计算公式为：LTFP = lnQ/L。

3.3.2　中国服务贸易出口与服务业 OFDI 的现状

1. 中国服务贸易出口

（1）总量分析。自中国加入 WTO 以来，服务贸易稳步增长，贸易规模迅速扩大，成为新兴经济体中的佼佼者。2002～2012 年的 11 年间，中国服务贸易年均增长 20%。特别是 2005 年以后的增长速度更快。2005 年和 2008 年服务贸易的增长速度超过 30%，2007 年、2009 年和 2011 年的增长率也均超过 20%。2012 年，在世界经济低迷，市场需求不旺的情况下，中国的服务贸易以"稳中求进"为目标，以管理、服务和促进为核心，采取积极措施推动服务贸易发展，取得显著成效。2012 年中国服务贸易稳步增长，贸易规模持续扩大，较去年增长 12%，比货物贸易增速高出近一倍。自 2002～2012 年，中国服务进出口总额从 855 亿美元增长到 4706 亿美元，增长了 4.5 倍。其中，服务出口总额从 394 亿美元增长到 1904 亿美元，进口总额从 461 亿美元增长到 2801 亿美元。同期，中国服务进出口的国际排名不断上升，服务出口排名由第 11 位上升至第 5 位，服务进口排名由第 9 位上升至第 3 位。但是，中国服务贸易的"不平衡"状况不仅没有改变，贸易逆差规模达到了历史最高点，较上年增长了 62%。由于我国服务贸易起点低、底子薄，仍处于发展的初级阶段，总体水平与发达国家相比差距较大，国际竞争力仍然较弱，发展中存在严重的"不平衡"状态。综合来看，我国服务贸易发展具有以下特征。

第一，服务贸易规模逐步扩大，在对外贸易中的占比进一步提高，但仍处于逆差状态。据国家外汇管理局的最新统计，2012 年中国服务贸易进出口总额比上年增长 12%，达到 4715 亿美元。服务贸易占我国对外贸易总额的比重达到 10.86%，较上年提高约 1.1 个百分点。其中，2012 年中国服务贸易出口额为 1910 亿美元，比上年同期增长 4.5%；进口达到 2805 亿美元，增长 17.8%。图 3 – 3 展示了中国 2002～2012 年服务贸易进出口总额。从图 3 – 3 中明显可以看出，近十年来中国服务贸易总额呈现明显的上升趋势，在世界服务贸易中的地位也在稳步上升。但是从服务贸易出口和服务贸易进口的对比来看，我国的服务贸易存在明显的逆差，尤其在最近几年，服务贸易逆差有进一步扩大的趋势。

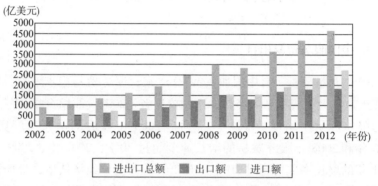

图 3 – 3　2002～2012 年中国服务贸易总额及进、出口额

资料来源：中国服务贸易统计 2013 组表。①

第二，服务贸易现处于较低端，较多的出口属于软件外包、金融方面的支付服务、旅游等比较传统的方面。同时大量进口高端服务，如专业服务、信息服务以及金融服务等。技术密集型服务行业对于中国服务业来说发展较为薄弱。而且从竞争力的角度来看，中国在国际服务业中的整体竞争力较弱。例如 2011 年欧盟二十七国对欧盟外国家的服务贸易出口 6040 亿欧元，而中国服务贸易出口额为 1820.9 亿美元，由此可以看出欧盟服务出口的总体出口能力远远高于中国。

（2）服务业各行业出口情况分析。我国服务贸易发展的行业结构处于不平衡的状态。运输服务和旅游服务等传统服务贸易仍占据我国服务贸易的主导地位，而高附加值服务贸易的比例过低。2011 年和 2012 年，运输和旅游两项服务贸易出口额占全国服务贸易出口额的比重接近一半，分

---

① 遵循 WTO 有关服务贸易的定义，中国服务进出口数据不含政府服务，下同。

别为 46.1% 和 46.7%。近年来高附加值服务贸易出口增长速度加快，如计算机和信息服务、保险服务、金融服务以及咨询服务等，但高附加值服务贸易出口占全部服务贸易出口的比重仍然较低，2011 年和 2012 年这一比重分别为 24.4% 和 27.9%，其中尤其金融服务和保险服务的占比很低。表 3 - 3 列出我国 2003~2012 年服务业各行业出口总额、表 3 - 4 列出了 2003~2012 年中国各服务行业出口增长率情况。具体从各个行业来看。

表 3 - 3　　　　　　2003~2012 年服务业各行业出口额　　　单位：亿美元

年份	2003	2004	2005	2006	2007	2008	2009	2010	2011	2012
总计	463.7	620.6	739.1	914.2	1216.5	1464.5	1286.0	1702.5	1820.9	1904.4
运输服务	79.1	120.7	154.3	210.2	313.2	384.2	235.7	342.1	355.7	389.1
旅游	174.1	257.4	293.0	339.5	372.3	408.4	396.8	458.1	484.6	500.3
通信服务	6.4	4.4	4.9	7.4	11.7	15.7	12.0	12.2	17.3	17.9
建筑服务	12.9	14.7	25.9	27.5	53.8	103.3	94.6	144.9	147.2	122.5
保险服务	3.1	3.8	5.5	5.5	9.0	13.8	16.0	17.3	30.2	33.3
金融服务	1.5	0.9	1.5	1.5	2.3	3.2	4.4	13.5	8.5	18.9
计算机和信息服务	11.0	16.4	18.4	29.6	43.4	62.5	65.1	92.6	121.8	144.5
专有权利使用费和特许费	1.1	2.4	1.6	2.1	3.4	5.7	4.3	8.3	7.4	10.4
咨询	18.8	31.5	53.2	78.3	115.8	181.4	186.2	227.7	283.9	334.5
广告、宣传	4.9	8.5	10.8	14.5	19.1	22.0	23.1	28.9	40.2	47.5
电影、音像	0.3	0.4	1.3	1.4	3.2	4.2	1.0	1.2	1.2	1.3
其他商业服务	150.6	159.5	168.8	196.9	269.1	260.1	246.9	355.9	322.8	284.2

资料来源：中国服务贸易统计 2013 组表。

表 3 - 4　　　　　　2003~2012 年服务业各行业出口增长率　　　单位：%

年份	运输服务	旅游	通信服务	建筑服务	保险服务	金融服务	计算机和信息服务	专有权利使用费和特许费	咨询	广告、宣传	电影、音像	其他商业服务
2003	38.2	-14.6	16.1	3.5	49.7	197.9	72.7	-19.5	46.7	30.4	12.7	71.8
2004	52.6	47.9	-31.0	13.8	21.7	-38.2	48.5	120.9	67.2	74.5	22.6	5.9
2005	27.8	13.8	10.2	76.7	44.3	54.6	12.4	-33.4	68.8	26.8	226.5	5.9

续表

年份	运输服务	旅游	通信服务	建筑服务	保险服务	金融服务	计算机和信息服务	专有权利使用费和特许费	咨询	广告、宣传	电影、音像	其他商业服务
2006	36.2	15.9	52.1	6.2	-0.3	-0.2	60.7	30.2	47.2	34.3	2.3	16.6
2007	49.1	9.7	59.2	95.3	64.9	59.0	46.9	67.1	47.8	32.3	130.9	36.7
2008	22.6	9.7	33.7	92.1	53.0	36.7	43.9	66.7	56.7	15.2	32.2	-3.4
2009	-38.7	-2.9	-23.7	-8.4	15.4	38.7	4.2	-24.8	2.7	5.0	-76.7	-5.1
2010	45.2	15.5	1.8	53.2	8.2	204.6	42.1	93.0	22.3	24.8	26.4	44.1
2011	4.0	5.8	41.5	1.6	74.7	-36.2	31.6	-10.5	24.7	39.3	-0.1	-9.3
2012	9.4	3.2	3.7	-16.8	10.3	122.5	18.6	40.1	17.8	18.2	5.9	-12.0

资料来源：中国服务贸易统计 2012 组表。

第一，运输服务和旅游服务是服务贸易出口中占比最大的两个行业，但这一比例呈下降趋势。运输服务在中国服务进出口中长期处于逆差。2012 年，运输服务出口 389.1 亿美元，比上年增加 9.4%；进口 858.6 亿美元，同比增长 6.7%。旅游服务曾长期是中国服务贸易的顺差大项，但自 2009 年则出现较大规模逆差。2012 年，旅游出口 500.3 亿美元，比上年增长 3.2%；进口 1019.8 亿美元，同比增长 40.5%；由 2008 年的顺差 46.9 亿美元转为逆差 519.5 亿美元。运输服务和旅游服务在服务出口总额中的占比自金融危机以来呈逐年下降趋势，2012 年这一比重下降至 46.7%，而在 2007 年以前，这一比例基本达到 60% 左右。

第二，保险服务和金融服务出口大幅增长，占全部服务贸易出口的比例有所提高，但这一比例还是很小。2012 年，中国保险服务出口总额为 33.3 亿美元，比上年增长 10.3%，占全部服务贸易出口的比例为 1.7%，与上一年持平；进口 206 亿美元，同比增长 4.4%；逆差 172.7 亿美元。金融服务出口总额为 18.9 亿美元，比上年增长 122.5%，占全部服务贸易出口的比例为 1%，比上一年增加 0.5 个百分点；进口 19.3 亿美元，同比增长 158.4%；出口额略小于进口额，有 0.4 亿美元的逆差。保险服务和金融服务两个行业的出口总额占全部服务贸易出口的比例只有 2.7%，与发达国家相比还有很大的差距。

第三，建筑服务出口规模降低，占全国服务贸易出口的比例下滑，出现了负增长的局面，但仍然是服务贸易顺差的行业。2012 年，中国建筑服务出口额 122.5 亿美元，比上年降低 15.8%，占全部服务贸易出口的比例为 6.4，比上年下降 1.7 个百分点，在出口行业中的排名由第五位下降至第六位；进口 36.2 亿美元，同比降低 2.9%；建筑服务贸易顺差为 86.3 亿美元，继续保持优势地位。

第四，部分高附加值服务出口实现增长，占全国服务贸易出口的比例进一步提高，且继续保持顺差。2012 年，中国计算机和信息服务出口 144.5 亿美元，比上年增长 18.6%，占全部服务出口总额的 7.6%，比上年增加 0.9 个百分点，在全部服务行业中排名第五；进口 38.4 亿美元，同比降低 0.1%；顺差 106.1 亿美元。咨询服务出口总额为 334.5 亿美元，比上年增长 17.8%，占全部服务贸易出口的比例为 17.6%，比上年增加 2 个百分点，是中国第三大服务贸易出口行业；进口 200.2 亿美元，同比增长 7.7%；顺差 134.3 亿美元。这两个高附加值行业也是重要的服务贸易顺差来源行业。

第五，通信服务、专有权利使用费和特许费、广告宣传和电影音像业服务贸易出口额较少，占比仍然较低。2012 年，专有权利使用费和特许费出口 10.4 亿美元，比上年增长 40.1%，而占比只有 0.5%；进口 177.5 亿美元，同比增长 20.7%；虽然出口增幅大于进口增幅，但是出口数额远远小于进口额，逆差 167.1 亿美元，是造成中国服务贸易逆差的重要行业之一。同期，通信服务出口额 17.9 亿美元，占比 0.9%，同比增长 3.7%；广告宣传服务出口总额 47.5 亿美元，占比 2.5%，同比增长 18.2%，近十年来除了 2009 年，广告宣传服务出口都保持较高速度的增长；电影音像业出口总额为 1.3 亿美元，占比只有 0.1%，同比增长 5.9%，随着全球对中国文化的认同和关注，电影音像服务贸易的出口潜力很大。

第六，其他商业服务出口出现下滑，占全部服务贸易出口的比例进一步降低，而进口规模有所增长，顺差进一步缩小。2012 年，中国其他商业服务出口总额为 284.2 亿美元，比上年下降 12%，出口规模大幅缩减，占全部服务贸易出口的比例为 14.9%，较去年的 17.7% 下降 2.8个百分点；进口 195.6 亿美元，同比增长 7.1%；顺差 88.6 亿美元，比上年的 140.2 亿美元减少 51.6 亿美元。

（3）对服务贸易出口行业的调整。中国服务贸易统计组表中的统计口径（行业划分）与我们前面介绍的服务业划分的 14 个行业的标准不同，也与计算服务业行业生产率时的行业划分标准不同。为了要进行生产率与出口关系的实证分析，我们必须把两者的统计口径统一起来，因此，我们将服务贸易统计组表中的服务行业根据国民经济行业分类 GB/T4754—2011（第三产业部分），进行如下的调整：第一，运输服务归于 G 门类的交通运输、仓储和邮政业中；第二，通信服务、计算机和信息服务业归于 I 门类的信息传输、计算机服务和软件业中；第三，建筑服务归于 K 门类的房地产业中；第四，保险和金融服务归于 J 门类的金融业中；第五，专有权利使用费和特许费归于 M 门类的科学研究和技术服务业中；第六，广告宣传和电影音像归于 R 门类的文化、体育和娱乐业中；第七，旅游服务、咨询服务以及其他商业服务归于 L 门类的租赁和商务服务业中。按照此种分类方法，我们重新计算各服务行业出口规模，见表 3 - 5。

表 3 - 5　　2003 ~ 2011 年行业调整后的分行业服务贸易出口额 单位：亿美元

	2003	2004	2005	2006	2007	2008	2009	2010	2011
交通运输、仓储和邮政业	79.1	120.7	154.3	210.2	313.2	384.2	235.7	342.1	355.7
信息传输、计算机服务和软件业	17.4	20.8	23.3	37.0	55.2	78.2	77.1	104.8	139.1
金融业	4.6	4.7	6.9	6.9	11.3	17.0	20.3	30.6	38.7
房地产业	12.9	14.7	25.9	27.5	53.8	103.3	94.6	144.9	147.2
租赁和商业服务业	343.5	448.4	515.0	614.8	757.3	849.9	829.9	1041.7	1091.3
科学研究、技术服务业	1.1	2.4	1.6	2.1	3.4	5.7	4.3	8.3	7.4
文化、体育和娱乐业	5.2	8.9	12.1	15.8	22.3	26.2	24.1	30.1	41.4

资料来源：作者根据服务贸易统计组表整理。

2. 中国服务业 OFDI 现状分析

从全球的情况看，近年来外国直接投资的重点已经转向服务业。21世纪初期，服务业外商直接投资占全球外资的比例已经达到 60% 以上。

金融危机导致全球经济的不确定性风险加大，在全球经济缓慢复苏的背景下，各国调整经济结构成为一种必然的选择，全球经济中的服务业国际转移进一步加速，给服务业 FDI 更大的发展空间。中国自 2002 年建立起对外直接投资统计体系，根据历年的《中国对外直接投资统计公报》的统计数据，2003 ~ 2012 年中国对外直接投资额高速增长，到 2012 年中国已经成为世界第三大对外投资国。

（1）总量分析。第一，中国 OFDI 流量已排世界第三位，但存量上与发达国家的差距仍然很大。2012 年，全球 FDI 流量较 2011 年下降 18%，中国对外 FDI 流量达 878 亿美元，同比增长 17.6%，成为美国、日本之后的世界第三大对外投资国。从图 3 - 4 展示的 2002 ~ 2012 年中国 OFDI 流量趋势图上可以看出，近十年来，中国 OFDI 保持了明显快速的增长趋势。从存量来看，自 2002 ~ 2012 年，中国 OFDI 存量增长了将近 17 倍。至 2012 年底，中国对外 FDI 存量达 5319.4 亿美元，位居全球第 13 位。但是由于中国 OFDI 起步晚，与发达国家相比，这一规模仅相当于美国对外投资存量的 10.2%，英国的 29.4%，德国的 34.4%，法国的 35.5%，日本的 50.4%。图 3 - 5 展示了自建立《对外直接投资统计制度》以来的 2002 ~ 2012 年中国 OFDI 存量情况。

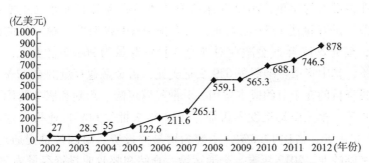

图 3 - 4   2002 ~ 2012 年中国对外直接投资流量情况

资料来源：根据 2012 年中国对外直接投资统计报告数据整理。

第二，中国 OFDI 相对集中于服务业。与中国利用外资的行业分布不同，中国 OFDI 的行业分布中，服务业始终占据主导地位。2004 年，服务业 OFDI 存量达 324.16 亿美元，占中国 OFDI 存量的比重为 72.36%，之后，除 2006 年服务业 OFDI 占比为 68.82%，低于 70%，到 2012 年的其余年份中，这一比例都保持在 70% 以上，2008 年更是达到了 79.06%。

55

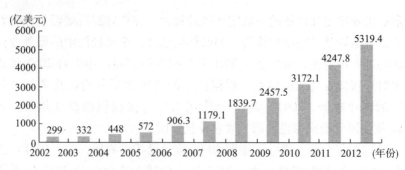

图 3 - 5 中国 2002 ~ 2012 年 OFDI 存量情况

资料来源：根据 2012 年中国对外直接投资统计报告数据整理。

2012 年底，中国服务业 OFDI 存量超过 100 亿美元的有：租赁和商务服务业、金融业、批发和零售业、交通运输业、仓储和邮政业这四个行业累计投资存量达 3695.9 亿美元，占我国 OFDI 存量总额的 69.48%。2012 年全部服务业 OFDI 存量达 3962.1 亿美元，占比为 74.48%。服务业在中国对外直接投资行业分布中占有绝对优势地位，是中国对外直接投资的主导产业。

（2）中国服务业 OFDI 的行业分布。在服务业各行业，租赁和商务服务业占最大的比重，2012 年末分布在租赁和商务服务业（主要为投资控股）的存量达 1757 亿美元，占全部 OFDI 的 33%。第二位的是金融业，截至 2012 年底金融业对外直接投资存量为 964.5 亿美元，占比 18.1%，其中货币金融服务 629.2 亿美元，占金融业存量的 65.2%。其主要投资目的在于节约成本费用、分散经营风险、跟随和服务跨国经营的客户等。第三位是批发零售业，2012 年末批发和零售业投资存量为 682.1 亿美元，占比 12.8%，主要为贸易类投资。第四位是交通运输、仓储和邮政业，2012 年末，交通运输、仓储和邮政业投资存量为 292.3 亿美元，占比 5.5%。第五位是房地产业，2012 年末，房地产业对外投资存量为 95.8 亿美元，占比 1.8%。前五位的服务行业投资存量和为 3791.7 亿美元，占全部服务业 OFDI 存量的 95.7%；其他一些行业的对外投资存量占全部服务业 OFDI 的比重较小，只有 4.3%。从服务业 OF-DI 行业分布的变化来看，与 2011 年相比，OFDI 存量最多的前五位中只有第五位的房地产行业有些变化。2011 年房地产业 OFDI 存量为 89.86 亿美元，占比 2.1%。表 3 - 6、表 3 - 7 分别列出 2005 ~ 2012 年中国服务业 OFDI 流量和 2004～2011 年中国服务业 OFDI 存量的统计数据。

表 3－6　　　　2005～2012 年中国服务业各细分行业 OFDI 流量情况 单位：亿美元

	2005	2006	2007	2008	2009	2010	2011	2012
服务业合计	81. 1067	113. 8083	195. 643	460. 9932	397. 7385	552. 6361	488. 4556	589. 514
交通运输、仓储和邮政业	5. 7679	13. 7639	40. 6548	26. 5574	20. 6752	56. 5545	25. 6392	29. 8814
信息传输、计算机服务和软件业	0. 1479	0. 4802	3. 0384	2. 9875	2. 7813	5. 0612	7. 7646	12. 4014
批发和零售业	22. 6012	11. 1391	66. 0418	65. 1413	61. 3575	67. 2878	103. 2412	130. 4854
住宿和餐饮业	0. 0758	0. 0251	0. 0955	0. 295	0. 7487	2. 182	1. 1693	1. 3663
金融业		35. 2999	16. 678	140. 48	87. 3374	86. 2739	60. 705	100. 72
房地产业	1. 1563	3. 8376	9. 0852	3. 3901	9. 3814	16. 1308	19. 7442	20. 1813
租赁和商务服务业	49. 4159	45. 2166	56. 0734	217. 1723	204. 7378	302. 807	255. 9726	267. 408
科学研究、技术服务和地质勘查业	1. 2942	2. 8161	3. 039	1. 6681	7. 7573	10. 1886	7. 0658	14. 785
水利、环境和公共设施管理业	0. 0013	0. 0825	0. 0271	1. 4145	0. 0434	0. 7198	2. 5529	0. 3357
居民服务和其他服务业	0. 6279	1. 1151	0. 7621	1. 6536	2. 6773	3. 2105	3. 2863	8. 904
教育		0. 0228	0. 0892	0. 0154	0. 0245	0. 02	0. 2008	1. 0283
卫生、社会保障和社会福利业		0. 0018	0. 0075	0	0. 0191	0. 3352	0. 0639	0. 0538
文化、体育和娱乐业	0. 0012	0. 0076	0. 051	0. 218	0. 1976	1. 8648	1. 0498	1. 9634
公共管理和社会组织	0. 0171							

注：2005 年金融业对外直接投资流量暂无统计。
资料来源：根据 2012 年中国对外直接投资统计报告数据整理。

表 3 - 7　　2004 ~ 2011 年中国服务业各细分行业 OFDI 存量情况 单位：亿美元

	2004	2005	2006	2007	2008	2009	2010	2011
服务业合计	324. 1644	407. 8081	623. 6711	899. 1666	1454. 454	1838. 869	2425. 523	3122. 126
交通运输、仓储和邮政业	45. 8055	70. 8297	75. 6819	120. 5904	145. 2002	166. 3133	231. 878	252. 6131
信息传输、计算机服务和软件业	11. 9237	13. 235	14. 4988	19. 0089	16. 6696	19. 6724	84. 0624	95. 5324
批发和零售业	78. 4327	1141. 179	129. 552	202. 3288	298. 5866	356. 9499	420. 0645	490. 9363
住宿和餐饮业	0. 2081	0. 464	0. 6118	1. 2067	1. 3669	2. 4329	4. 4986	6. 0386
金融业			156. 0537	167. 1991	366. 9388	459. 9403	552. 5321	673. 9329
房地产业	2. 0251	14. 952	20. 1858	45. 1386	40. 9814	53. 4343	72. 6642	89. 8616
租赁和商务服务业	164. 2824	165. 536	194. 636	305. 1503	545. 8303	729. 49	972. 4605	1422. 900
科学研究、技术服务和地质勘查业	1. 2398	6. 0431	11. 2129	15. 2103	19. 8189	28. 7413	39. 6712	43. 8838
水利、环境和公共设施管理业	9. 1109	9. 1002	9. 1839	9. 2121	10. 6289	10. 6508	11. 3343	24. 0196
居民服务和其他服务业	10. 9314	13. 2338	11. 742	12. 9885	7. 1468	9. 6137	32. 2974	16. 1558
教育			0. 0228	0. 174	0. 1749	0. 2123	0. 2394	0. 6657
卫生、社会保障和社会福利业	0. 0022	0. 0011	0. 0281	0. 0369	0. 0369	0. 061	0. 3616	0. 1715
文化、体育和娱乐业	0. 0592	0. 0538	0. 2614	0. 922	1. 0733	1. 3565	3. 4583	5. 4142
公共管理和社会组织	0. 1434	0. 1803	—	—	—	—	—	—

注：2004 年和 2005 年金融业对外直接投资流量暂无统计；2010/2011 年存量数据中包含对以往历史数据进行调整部分。

资料来源：根据 2012 年中国对外直接投资统计报告数据整理。

（3）中国服务业对外直接投资的区位分布。发展中国家和地区是中国 OFDI 的最重要的东道国。2012 年底中国对发展中国家的 OFDI 存

量为 4588.1 亿美元，占比 86.3%；2012 年底对发达国家的 OFDI 存量
为 731.3 亿美元，占比 13.7%。相对 2011 年底的存量占比，发展中国
家的比例下降、发达国家占比上升 2.7 个百分点。但是中国 OFDI 高度
集中在少数国家，2012 年底中国 OFDI 存量最多 20 个东道国和地区拥
有的中国外资存量达到 4750.93 亿美元，占比达 89.3%。

从中国对外 FDI 流量来看，2012 年中国对发达国家投资流量为
135.1 亿美元，与 2011 年的 134.2 亿美元变化不大，但是中国流向美国
的外资出现大幅上涨，2012 年中国对美国投资 40.48 亿美元，同比增
长 123.5%，美国成为中国香港地区之外的中国的第二大投资东道国。
除了美国之外，2012 年中国对新西兰和以色列的投资都出现大幅上
涨，但是对欧盟、澳大利亚以及英属维尔京群岛的投资出现大幅回
落。表 3-8 列出了 2011 年和 2012 年中国对外 FDI 流量前二十位国家
和地区。从表 3-8 中可以看出，2012 年中国 OFDI 流向相比 2011 年的
变化，同时也可以发现 2012 年流量最多的 20 位东道国引进的中国外资
总额为 798.80 亿美元，占中国全部 OFDI 流量的比例达到 90.1%，相
对 2011 年前 20 位东道国流量占比的 89.4%，上升了 0.7 个百分点，这
说明中国的投资流向高度集中在少数国家。

59

表 3-8　　　2011 年和 2012 年中国对外 FDI 流量前二十位国家和地区

单位：亿美元

2011 年				2012 年			
排名	国家和地区	流量	比重%	排名	国家和地区	流量	比重%
1	中国香港	356.55	47.8	1	中国香港	512.38	58.4
2	英属维尔京群岛	62.08	8.3	2	美国	40.48	4.6
3	开曼群岛	49.36	6.6	3	哈萨克斯坦	29.96	3.4
4	法国	34.82	4.7	4	英国	27.75	3.2
5	新加坡	32.69	4.4	5	英属维尔京群岛	22.37	2.6
6	澳大利亚	31.65	4.2	6	澳大利亚	21.73	2.5
7	美国	18.11	2.4	7	委内瑞拉	15.42	1.8
8	英国	14.2	1.9	8	新加坡	15.19	1.7
9	卢森堡	12.65	1.7	9	印度尼西亚	13.61	1.5
10	苏丹	9.12	1.2	10	卢森堡	11.33	1.3

2011 年				2012 年			
排名	国家和地区	流量	比重%	排名	国家和地区	流量	比重%
11	俄罗斯联邦	7.16	0.9	11	韩国	9.42	1.1
12	伊朗	6.l6	0.8	12	蒙古	9.04	1.0
13	印度尼西亚	5.92	0.8	13	开曼群岛	8.27	0.9
14	哈萨克斯坦	5.82	0.8	14	老挝	8.09	0.9
15	柬埔寨	5.66	0.7	15	德国	7.99	0.9
16	加拿大	5.54	0.7	16	加拿大	7.95	0.9
17	德国	5.12	0.7	17	俄罗斯联邦	7.85	0.9
18	老挝	4.59	0.6	18	缅甸	7.49	0.9
19	蒙古	4.51	0.6	19	阿根廷	7.43	0.8
20	津巴布韦	4.4	0.6	20	伊朗	7.02	0.8
	合计	676.11	89.4		合计	798.80	90.1

资料来源：根据 2011 年和 2012 年中国对外直接投资统计公报数据整理。

3.3.3 生产率与服务贸易出口的相关性检验

1. 出口增长率与 TFP 增长率的相关关系检验

首先，我们对每一个行业中全要素增长率与出口贸易增长率之间的相关关系进行检验，求出每个行业中两者之间的相关系数，见表 3 - 9。从表中的出口增长率与 TFP 增长率的相关关系结果可以看出，大多数服务业出口行业与 TFP 之间存在正相关关系，而房地产业以及文化、体育和娱乐业出现了负相关的关系，但参与服务贸易的服务行业整体的出口增长率与全要素生产率间存在正相关关系。出现负相关的结果，可能的原因在于，第一，统计口径的误差，因为服务贸易统计行业口径与全要素生产率计算的行业口径不一致，我们进行了人为调整；第二，用服务业细分行业企业生产率数据来替代服务业企业的生产率，这并不能很好地表现企业生产率与出口增长之间的关系。

表 3 – 9　　　服务业各行业出口增长率与行业全要素生产率间的相关系数

行业	相关系数
交通运输、仓储和邮政业	0.681823
信息传输、计算机服务和软件业	0.553288
金融业	0.213197
房地产业	− 0.013923
租赁和商业服务业	0.296741
科学研究、技术服务和地质勘查业	0.080194
文化、体育和娱乐业	− 0.734471
服务贸易出口行业整体	0.116910

资料来源：作者根据统计计算结果整理。

2. 面板单位根与协整检验

面板数据同时考虑了变量的截面异质性和截面相关问题，利用面板数据进行估计和检验可以克服时间序列的小样本局限。但在面板数据中每个截面下都包含一个时间序列，而每个时序的平稳性也各不相同，因此必须要对面板时间序列进行平稳性检验。随着计量经济学研究成果的不断出现，出现了一系列关于面板平稳性检验的方法。进行面板数据单位根检验的相关方法主要有 LLC 检验、IPS 检验、ADF 检验和 PP 检验等。这里我们主要汇报 Levin，Lin & Chu t^* 检验和 PP 检验结果，见表 3 – 10。结果显示，在滞后一期时，两种检验方式下，两个变量 EX 和 TFP 均在 1% 的显著性水平上拒绝存在单位根的原假设，即两个序列都是零阶单整的，记作 $I(0)$。

表 3 – 10　　　　　　　　　　单位根检验结果

变量	检验方法	统计量	P 值	检验结果
EX	Levin，Lin & Chu t^*	− 3.02330 ***	0.0013	平稳
	PP – Fisher Chi-square	64.1488 ***	0.0000	平稳
TFP	Levin，Lin & Chu t^*	− 4.77469 ***	0.0000	平稳
	PP – Fisher Chi-square	38.8541 ***	0.0000	平稳

注：***、**、* 分别表示在 1%、5%、10% 的显著性水平上显著。
资料来源：作者根据统计计算结果整理。

对于变量间的协整关系检验，采用基于 EG 两步法的 Pedroni 检验，如果回归残差平稳，则变量间存在协整关系。在存在截距项、无趋势项，且滞后期固定为 1 时，检验结果显示，两个变量无论在组内还是组间检验，PP 统计量和 ADF 统计量都在 1% 的显著性水平上拒绝变量间不存在协整关系的原假设，即服务业各行业的服务贸易出口增长率与全要素生产率变化率之间存在长期稳定的均衡关系，具体统计结果见表 3 – 11。

表 3 – 11　　　　　　　EX 与 TFP 间协整关系检验结果

	检验方法	统计量	P 值	加权统计量	P 值
组内	Panel PP – Statistic	– 10. 46785 ***	0. 0000	– 7. 170757 ***	0. 0000
	Panel ADF – Statistic	– 2. 771038 ***	0. 0086	– 2. 463939 ***	0. 0192
组间	Group PP – Statistic	– 9. 616764 ***	0. 0000	—	—
	Group ADF – Statistic	– 2. 604000 **	0. 0134		

注：***、**、* 分别表示在 1%、5%、10% 的显著性水平上显著。
资料来源：作者根据统计计算结果整理。

3. 格兰杰因果关系检验

协整关系只能说明两个变量存在某种长期均衡关系，但并不能说明是服务业全要素生产率决定了服务贸易出口规模，还是服务贸易出口带动了全要素生产率的提高，或者两者之间存在相互促进的关系。按照格兰杰（Granger，1969）提出的检验方法以及我们研究的数据特点，可以建立如下的基本模型：

$$EX_t = \gamma + \sum_{i=1}^{p} \alpha_i EX_{t-1} + \sum_{i=1}^{p} \beta_i TFP_{t-i} + \varepsilon_t;$$

$$TFP_t = \gamma + \sum_{i=1}^{p} \alpha_i TFP_{t-1} + \sum_{i=1}^{p} \beta_i EX_{t-i} + \varepsilon_t \qquad (3.20)$$

检验的原假设为 "EX（TFP）的过去值对预测 TFP（EX）的未来值没有帮助"，如果拒绝原假设，则称 EX（TFP）是 TFP（EX）的格兰杰因。从表 3 – 12 的检验结果可知，"TFP 增长率不是 EX 增长率变化的原因" 的原假定被拒绝，即全要素生产率的增长是服务贸易出口增长的原因，但反过来的检验结果接受 "EX 增长不是 TFP 增长的格兰杰原因" 的原假定，即服务贸易出口的增长带来全要素生产率的增长。即企业生产率状况是决定企业出口的一个原因，但反过来出口却不一定能够提高企业的生产率水平。

表 3 –12   EX 与 TFP 间格兰杰因果关系检验结果

原假设	Obs	F – Statistic	Prob.
TFP does not Granger Cause EX	42	3. 80504 **	0. 0314
EX does not Granger Cause TFP		0. 27273	0. 7628

注： *** 、 ** 、 * 分别表示在1% 、5% 、10% 的显著性水平上显著。
资料来源：作者根据统计计算结果整理。

4. 基于面板回归的关系检验

为了得到服务贸易出口的各个行业生产率对出口的决定作用，接下来建立一个简单的回归方程，以每个行业的出口规模作为被解释变量，每个行业的近似全要素生产率和劳动生产率作为解释变量，估计行业生产率对行业出口规模的贡献。回归方程如下：

$$EX_{it} = \alpha_{it} + \beta_{it} ATFP_{it} + \varepsilon_{it}$$
$$EX_{it} = \alpha_{it} + \beta_{it} LTFP_{it} + \varepsilon_{it} \tag{3.21}$$

这里的 ATFP 是近似全要素生产率、LTFP 是劳动生产率，由于 DEA – Malmquist 指数方法得到全要素生产率 TFP 是一种变化率，而变化率只能反映某行业生产率的变化幅度，不能反映某行业生产率的绝对水平。因此，我们采用全要素生产率 ATFP 和劳动生产率 LTFP 作为生产率的一种代理变量。对静态面板估计方法的确定需要进行一系列检验。根据 F 统计量进行固定效应与混合 OLS 的选择；根据 BP – LM 检验（Breusch – Pagan LM Test）选择随机效应或者混合 OLS；根据豪斯曼检验判断固定效应或随机效应。

表 3 –13 报告了模型设定检验结果，结果显示，两种解释变量的模型在混合 OLS 回归和 FE 固定效应回归的选择中，F 检验结果均在1% 的显著性水平上强烈拒绝 "所有的 $u_i = 0$" 原假设，认为 FE 明显优于混合 OLS 回归；在混合 OLS 回归和 RE 随机效应回归的选择中，LM 检验结果均在1% 的显著性水平上强烈拒绝 "不存在个体随机效应" 的原假设，所以在这两种回归模型选择中应该选择 RE 回归；在应该采用固定效应模型还是随机效应模型的豪斯曼检验中，把 ATFP 当作解释变量时，模型在5% 的显著性水平上拒绝原假设，所以最终应该采用固定效应模型；而在把 LTFP 当作解释变量时，模型接受原假设，即应该采取

63

随机效应模型。

表 3 – 13　　　分别以 ATFP 和 LTFP 为解释变量的面板回归结果

变量	以 ATFP 为解释变量（FE）			以 LTFP 为解释变量（RE）		
	系数	标准差	概率	系数	标准差	概率
C	9.079321 ***	0.7624341	0.000	10.60472 ***	0.1174231	0.000
TFP	2.156001 ***	0.1830598	0.000	1.235117 ***	0.1174231	0.000
R^2	0.7429			0.6955		
F 统计量	138.71 ***			—		
Wald	—			110.64 ***		
模型选择的检验						
F 检验	299.21 ***			225.97 ***		
BP – LM 检验	147.19 ***			174.85 ***		
Hausman	5.71 ** （0.0168）			0.25（0.6188）		

注：***、**、*分别表示在1%、5%、10%的显著性水平上显著。
资料来源：作者根据回归结果整理。

　　无论是以 ATFP 还是 LTFP 作为解释变量，回归结果都显示，生产率的系数都在1%的显著性水平上强烈显著为正，反映出生产率水平与出口规模间存在强正相关关系。以 ATFP 作为解释变量的固定效应模型下，生产率的系数为2.156001；以 LTFP 为解释变量的随机效应模型下，生产率的系数为1.235117。说明，无论生产率水平对出口规模的影响程度较大，是决定服务业出口规模的重要因素。而且两个模型的拟合优度都比较好，分别达到0.7429和0.6955，说明模型的解释能力比较高。由此确定，在服务业细分行业的生产率是影响各行业企业服务贸易出口的重要因素，这与我们理论分析的结果是一致的。

3.3.4　生产率与服务业 OFDI 的相关性检验

　　我们进一步检验生产率与 OFDI 的相关性。在进行生产率与 OFDI 的相关性检验时，我们仍然采用近似全要素生产率（ATFP）和劳动生产率（LTFP）作为全要素生产率的代理变量。首先将所有服务业细分行业按照 ATFP 和 LTFP 做降序排列，见表 3 – 14。然后再将所有服务业细分行业按 OFDI 平均流量和平均存量规模按降序排列，见表 3 – 15。

表 3 – 14　　　服务业各细分行业按 ATFP 和 LTFP 均值降序排列

行业	ATFP 均值	行业	LTFP 均值
金融业	5.0794	房地产业	6.96082
居民服务和其他服务业	5.02901	居民服务和其他服务业	6.87842
批发和零售业	4.61536	信息传输、计算机服务和软件业	6.33699
信息传输、计算机服务和软件业	4.34391	批发和零售业	6.26659
住宿和餐饮业	4.20013	住宿和餐饮业	5.96887
房地产业	4.10596	金融业	5.95983
租赁和商务服务业	3.9409	交通运输、仓储和邮政业	5.69605
科学研究、技术服务和地质勘查业	3.75215	租赁和商务服务业	5.51767
交通运输、仓储和邮政业	3.53575	科学研究、技术服务和地质勘查业	5.17987
文化、体育和娱乐业	3.26948	文化、体育和娱乐业	5.1667
卫生、社会保障和社会福利业	3.26684	公共管理和社会组织	4.67423
公共管理和社会组织	3.22511	卫生、社会保障和社会福利业	4.57276
教育	2.93373	水利、环境和公共设施管理业	4.37905
水利、环境和公共设施管理业	1.93449	教育	4.23713

资料来源：作者整理。

表 3 – 14 中近似全要素生产率最高的四个行业：第一位是金融业，第二位是居民和其他服务业，第三位是批发和零售业，第四位是信息传输、计算机服务和软件业；劳动生产率最高的四个行业：第一位是房地产业，第二位是居民服务和其他服务业，第三位是信息传输、计算机服务和软件业，第四位是批发和零售业。比较两种生产率中最高的服务行业，有三个行业是相同的，不同的是金融业和房地产业的近似全要素生产率排名与劳动生产率排名的次序互换。

表 3 – 15   服务业各细分行业按 OFDI 流量和存量均值降序排列

单位：百万美元

行业	流量均值	行业	存量均值
租赁和商务服务业	13070.68004	租赁和商务服务业	51935.43094
金融业	4863.622923	批发和零售业	36767.41735
批发和零售业	4661.289513	金融业	27256.26413
交通运输、仓储和邮政业	2286.619225	交通运输、仓储和邮政业	12836.33647
房地产业	724.480949	房地产业	3910.08334
科学研究、技术服务和地质勘查业	392.7266338	信息传输、计算机服务和软件业	3186.315447
信息传输、计算机服务和软件业	259.219846	科学研究、技术服务和地质勘查业	1910.711044
居民服务和其他服务业	164.6692451	居民服务和其他服务业	1337.903513
水利、环境和公共设施管理业	55.46363919	水利、环境和公共设施管理业	1089.948759
住宿和餐饮业	52.98349028	住宿和餐饮业	193.9739331
文化、体育和娱乐业	39.07397391	文化、体育和娱乐业	144.8937133
卫生、社会保障和社会福利业	4.92219729	教育	17.08452641
教育	4.30599231	卫生、社会保障和社会福利业	8.052022243
公共管理和社会组织	0.21497053	公共管理和社会组织	4.006399804

资料来源：作者整理。

从表 3 – 15 中可以看出，对外直接投资流量最多的四个行业：第一位是租赁和商务服务业，第二位是金融业，第三位是批发和零售业，第四位是交通运输、仓储和邮政业；对外直接投资存量最多四个行业：第一位是租赁和商务服务业，第二位是批发和零售业，第三位是金融业，第四位是交通运输、仓储和邮政业。对外直接投资流量和存量最多的四个行业构成完全相同，不同的是金融业、批发和零售业按流量和存量排列的排名不同。

比较表 3 – 14 和表 3 – 15 中的行业排名，可以发现，全要素生产率最高的行业中的金融业以及批发和零售业同样是 OFDI 规模最大的两个行业，这在一定程度上体现出与理论分析的一致性；但是生产率最高的前四个行业中的居民和其他服务业以及信息传输、计算机服务和软件业，其 OFDI 存量分别只排到第 8 位和第 6 位；其 OFDI 流量也只排到第 8 位和第 7 位。与理论预期的结果有一定的背离。因此，从行业排名上看不能完全确定服务业生产率与服务业 OFDI 规模之间的关系。接下来进一步进行两者间的相关性检验。

为更好地确定 OFDI 规模与生产率的相关关系，我们进一步建立 OFDI 与 ATFP 和 LTFP 关系的回归模型，如下：

$$OFDI_{it} = \alpha_{it} + \beta_{it}ATFP_{it} + \varepsilon_{it}$$

$$OFDI_{it} = \alpha_{it} + \beta_{it}LTFP_{it} + \varepsilon_{it} \tag{3.22}$$

我们分别以服务业各细分行业 OFDI 流量和存量作为被解释变量，分别以近似全要素生产率 ATFP 和劳动生产率 LTFP 为解释变量，考察生产率与对外直接投资规模间的相关关系。我们得到四个回归模型，每个回归模型的选择遵循前文（出口规模与生产率关系的检验）所介绍的检验方法和原则。检验结果和模型回归结果见表 3 - 16。从检验结果可以看出，在每个模型下，F 检验都在 1% 的显著性水平上显著，即固定效应模型都好于混合 OLS 回归；BP - LM 检验结果也都在 1% 的显著性水平上显著，即随机效应模型好于混合 OLS 回归；而在关于固定效应或者随机效应的豪斯曼检验中，我们发现当以近似全要素生产率 ATFP 为解释变量时，无论被解释变量是 OFDI 流量还是存量，都应该采用固定效应模型（FE）；而当以劳动生产率 LTFP 为解释变量时，无论被解释变量是 OFDI 流量还是存量，都应该采用随机效应模型（RE）。

从四个模型的回归结果来看，无论是 ATFP 还是 LTFP 的系数都强烈显著为正，表明生产率（ATFP 和 LTFP）与对外直接投资的流量和存量规模都存在强烈的正相关关系，即生产率是决定 OFDI 规模的重要因素，这和理论预期的结果相一致。但是，四种模型的拟合优度（R^2）都较低，分别为 0.2625、0.2692、0.1740、0.1591，这说明模型的设定和解释能力有限，这可能是因为我们的模型过于简单，包含的变量只有一个，模型中有遗漏变量，即影响 OFDI 规模的因素还有其他变量。我们将在下文中继续对 OFDI 的影响因素做进一步分析。

表 3 – 16　　　分别以 OFDI 流量和存量为被解释变量的行业面板回归结果

变量	以 OFDI 流量为被解释变量		以 OFDI 存量为被解释变量	
	模型 1（FE）	模型 2（RE）	模型 3（FE）	模型 4（RE）
C	– 16. 0259 *** （4. 859115）		– 8. 739389 * （5. 174948）	
ATFP	7. 498072 *** （1. 275935）		6. 143267 *** （1. 358868）	
C		– 10. 13734 ** 8 （3. 571698）		– 3. 794776 （3. 843941）
LTFP		4. 070947 *** （0. 6192652）		3. 313776 *** （0. 6664199）
R^2	0. 2625	0. 2692	0. 1740	0. 1591
F 统计量	34. 53 ***	——	20. 44 ***	——
Wald	——	43. 22 ***	——	24. 73 ***
模型选择的检验				
F 检验	15. 87 ***	11. 71 ***	16. 05 ***	11. 58 ***
BP – LM 检验	133. 80 ***	116. 86 ***	144. 41 ***	119. 11 ** 8
Hausman	7. 82 ***（0. 0052）	0. 87（0. 3512）	4. 54 **（0. 0331）	0. 09（0. 7655）

注：*** 、** 、* 分别表示在1% 、5% 、10%的显著性水平上显著。
资料来源：作者根据回归结果整理。

3.3.5　实证分析结论

我们利用服务业细分行业的面板数据对服务业全要素生产率与服务贸易出口以及服务业 FDI 之间的相关关系进行检验，结果发现：第一，服务贸易出口与服务业全要素生产率之间存在正相关关系。即全要素生产率越高的行业，其服务贸易出口规模也较大，这与异质性贸易理论的结论是一致的，说明利用中国服务业细分行业企业的数据也支持该理论。第二，格兰杰因果关系检验结果表明，服务业全要素生产率是服务贸易出口的原因，即服务业全要素生产率高低决定了企业服务贸易出口的抉择，但是不能确定服务贸易出口会导致生产率的提高，这种单向的因果关系与异质性贸易理论的结论也是一致的。第三，行业生产率水平（ATFP 和 LTFP）与对外直接投资的流量和存量规模都存在强烈的正相关关系，即生产率是决定 OFDI 规模的重要因素，这和理论预期的结果相一致。但是，各个模型的拟合优度都较低，说明模型的设定和解释能力有限，这可能是因为模型中有遗漏变量，生产率并不是解释企业出口和 OFDI 行为选择的唯一原因，影响服务贸易出口和服务业 FDI 的因素有很多，必须在模型中加入其他的控制变量。

综上所述，本节选取了我国服务业各细分行业的面板数据，用 DEA 技术计算了服务业全要素生产率的年度增长率，对全要素生产率变化率与服务贸易出口增长之间的关系进行了全面的分析，得到与异质性企业贸易理论相一致的结论。然后采用近似全要素生产率 ATFP 和劳动生产率 LTFP 来表示的生产率的真实数据，进一步检验了生产率水平与出口规模以及 OFDI 规模之间的相关关系，回归结果显示生产率与出口规模和对外直接投资规模之间存在强烈的正相关关系，进一步验证了异质性企业贸易理论适用于中国，也适用于服务业领域。

3.4 中国异质性服务企业出口与 FDI 的影响因素

3.4.1 服务贸易出口的影响因素

根据梅里兹（Melitz，2003）和赫尔普曼（Helpman et al.，2004）企业异质性是决定企业国际化选择的重要因素。李春顶（2009、2010）、汤二子等（2012）、易靖韬（2009）、李春顶和尹翔硕（2009）、赵伟和赵金亮（2011）等利用中国制造业行业或企业数据对生产率的决定作用进行验证，结论不尽相同。赵景峰和陈策（2006）、李杨和蔡春林（2008）都探讨了国内第三产业发展、货物贸易以及 FDI 对服务贸易的影响。查贵勇和顾诚（2006）、彭斯达和潘黎（2006）、姚战琪（2006）、方慧和李建萍（2008）以及王恕立和胡宗彪（2010）都探讨了服务业 FDI 对服务贸易的影响。

综观已有文献，我们发现还没有企业将异质性作为影响服务贸易出口的一种因素进行实证分析的，因此，结合异质性企业贸易理论以及传统对服务贸易出口的解释，我们主要考察如下变量对服务贸易出口的影响。

1. 解释变量——服务业各行业异质性（TFP）

为了尽可能真实反映各行业的生产率水平，我们采用近似全要素生产率和劳动生产率分别作为解释变量，用 lnATFP 和 lnLTFP 表示。

2. 主要控制变量

（1）服务业分行业增加值（SVAL）。李杨和蔡春林（2008）指出，"国际服务贸易的发展壮大是基于本国服务业发展的。随着国际分工的不断深化，企业开始转向专业化的生产模式，这能够增加对各种生产者服务业的需求。而在本国服务业供给不足的情况下，产生了国际服务贸易。"基于这个观点，国内服务业发展落后能够促进服务贸易进口，即一国服务业的发展程度能够影响该国服务贸易的发展，服务业发展程度越低的国家对服务贸易进口的需求越大；那么反过来，服务业发展程度越高的国家，服务贸易出口的供给越大。这里我们采用服务业分行业增加值表示服务业发展水平，用 lnSVAL 表示。

（2）货物贸易出口额（EX）。运输服务、金融保险服务、电信服务、计算机和信息咨询服务等行业的服务贸易通常是伴随着商品贸易的发展而产生的，发达的商品贸易需要更为完善和系统的服务环境加以支持，包括生产环节、流通环节以及售后服务等。因此，可以判断货物贸易的发展能够促进服务贸易的发展。这里我们根据中国海关统计的货物贸易出口额来表示，记为 lnEX。

（3）服务业利用外商直接投资额（SFDI）。关于 FDI 与货物贸易的关系，有很多不同的观点，陈立敏（2010）认为，FDI 与货物贸易之间到底呈何种关系，与投资阶段、投资产业、投资国别、投资动机、投资时效以及产品种类等因素有关。王恕立和胡宗彪（2010）认为服务业 FDI 对服务贸易出口有促进作用。我们采用服务业各行业吸引外商直接投资流量作为解释服务贸易出口规模的控制变量之一，即为 lnSFDI。

（4）服务业竞争水平（TC）。关于服务贸易竞争力的侧度，有很多指标。[①]

[①] 殷凤（2010）指出，服务贸易竞争力的侧度指标包括国际市场占有率、服务出口贡献率、贸易竞争力指数、显示性比较优势指数、相对贸易优势指数和净出口显示性比较优势指数等，对中国服务贸易总体及分部门竞争力进行了测算与国际比较，并动态考察了一段时期内中国服务贸易显示性比较优势的变化趋势及其稳定性。

由于国际上关于服务贸易分行业出口统计口径与中国服务贸易统计口径有一定差距，同时我国的服务贸易出口行业还根据国民经济行业分类进行调整，要对世界数据按照我国行业划分进行调整，会影响数据的真实性。根据不同指标的特点以及数据的可获取性，我们用服务业各行业的比较优势指数，即 TC 指数来代替服务业竞争优势变量。TC 指数的计算公式为：

$$TC_{ij} = \frac{X_{ij} - M_{ij}}{X_{ij} + M_{ij}} \tag{3.23}$$

其中，X_{ij} 表示 i 国 j 行业的服务贸易出口额，M_{ij} 表示 i 国 j 行业的服务贸易进口额。利用中国统计年鉴以及中国服务贸易统计组表中的统计数据，可以计算出各服务行业 TC 指数，见表 3 - 17。很显然，我国的交通运输、仓储和邮政业、金融业以及科学研究和技术服务业的 TC 指数在所有年份都是小于零的，这意味着这三个行业的竞争力是最弱的，长期都是服务贸易逆差的行业；其中的金融业以及科学研究和技术服务业两个行业的 TC 指数很接近 - 1，说明这两个行业的出口规模相对进口规模非常小，逆差很大，竞争力最薄弱。其他四个行业中，信息传输、计算机服务和软件业以及房地产业的 TC 指数在最近几年又较大幅度的提高，说明这两个行业的竞争力越来越强；而租赁和商业服务业的 TC 指数出现下滑趋势，到 2011 年下降到零之下，该行业的竞争能力在降低；文化、体育和娱乐业的竞争水平在近两年出现回升。

表 3 - 17　　　　　　　行业调整后的各行业 TC 指数

行业	2004	2005	2006	2007	2008	2009	2010	2011
交通运输、仓储和邮政业	- 0.3408	- 0.2968	- 0.2411	- 0.1602	- 0.1342	- 0.3280	- 0.2980	- 0.3868
信息传输、计算机服务和软件业	0.0927	0.0219	0.1925	0.2531	0.2518	0.2689	0.4372	0.4684
租赁和商业服务业	0.1617	0.1595	0.1660	0.1252	0.0772	0.0447	0.0890	- 0.0014
房地产业	0.0458	0.2311	0.1464	0.2977	0.4061	0.2345	0.4816	0.5959
金融业	- 0.8591	- 0.8275	- 0.8669	- 0.8164	- 0.7737	- 0.7110	- 0.6972	- 0.6824
科学研究和技术服务业	- 0.9001	- 0.9425	- 0.9400	- 0.9197	- 0.8951	- 0.9253	- 0.8802	- 0.9038
文化、体育和娱乐业	0.0088	0.1638	0.1904	0.1984	0.0880	0.0380	0.1102	0.1323

资料来源：作者计算整理。

综上所述，我们将所讨论的影响服务贸易行业出口的变量以及被解释变量列在表 3 - 18 中，并预期各个变量与被解释变量之间的相关关系。

表 3 - 18　　　　　　　　　变量描述与预期符号

变量性质	变量	表示形式	变量描述与数据来源	预期符号
被解释变量	各服务行业出口规模	SEX	将中国服务贸易统计组表数据按照服务业行业进行调整	无
解释变量	近似全要素生产率	ATFP	反映行业企业生产率水平，根据中国统计年鉴数据计算	+
	劳动生产率	LTFP	反映行业企业生产率水平，根据中国统计年鉴数据计算	+
控制变量	服务业增加值	SVAL	用各行业增加值表示可，数据来源于中国统计年鉴	+
	服务业吸引外资规模	SFDI	用服务业各行业吸引 FDI 流量表示，数据来自于中国统计年鉴	+
	货物出口规模	EX	用货物贸易出口额表示，数据来源于中国海关统计	+
	服务业竞争力指数	TC	用比较优势指数表示，根据中国统计年鉴数据计算	+

资料来源：作者自制。

3.4.2　中国服务贸易出口影响因素的实证分析

1. 模型设定

根据上面分析的影响服务贸易出口的因素，我们分别以 ATFP 和 LTFP 作为主要解释变量，以服务贸易分行业出口规模（lnSEX）为被解释变量，建立如下的回归模型：

$$\ln SEX_{it} = \beta_0 + \beta_1 \ln ATFP_{it} + \beta_2 \ln SVAL_{it} + \beta_3 \ln EX_{it} +$$
$$\beta_4 \ln SFDI_{it} + \beta_5 \ln TC_{it} + \varepsilon \qquad (3.24)$$
$$\ln SEX_{it} = \beta_0 + \beta_1 \ln LTFP_{it} + \beta_2 \ln SVAL_{it} + \beta_3 \ln EX_{it} +$$
$$\beta_4 \ln SFDI_{it} + \beta_5 \ln TC_{it} + \varepsilon \qquad (3.25)$$

2. 实证检验

我们采用服务贸易出口行业面板数据，将所有服务贸易出口行业作为一个整体，考察影响服务贸易出口的主要影响因素。

（1）相关性分析。首先，我们对总体样本数据进行相关性分析，得到变量间的相关系数，见表 3 – 19。从表中可以看出，大多数变量间的相关系数为正，与理论预期相一致；但是近似全要素生产率 ATFP、比较优势指数 TC 与服务贸易出口的相关系数都为负，虽然相关系数都很小，但负相关的结果与理论预期相违背，有可能是这样简单的相关性检验结果并不准确。接下来我们要通过面板回归的方法来进一步分析解释变量和相关控制变量对被解释变量的影响。

表 3 – 19　　　　　　　　　　总体数据变量之间的相关性

	SEX	ATFP	LTFP	SVAL	SFDI	EX	TC
SEX	1.0000						
ATFP	− 0.0328	1.0000					
LTFP	0.2920	0.5818	1.0000				
SVAL	0.3967	0.6085	0.7841	1.0000			
SFDI	0.6284	0.1071	0.6786	0.5692	1.0000		
EX	0.2879	0.3276	0.4735	0.4930	0.3290	1.000	
TC	− 0.0309	0.3047	0.5839	0.2938	0.0204	0.0986	1.000

资料来源：作者根据统计结果整理。

（2）总体样本回归。将服务贸易出口行业作为一个整体考察影响服务贸易出口规模的因素。我们分别以近似全要素生产率 ATFP 和劳动生产率 LTFP 作为解释变量，在每个模型下都包含相同的控制变量。在进行面板回归的时候，同样需要对模型的选择进行检验。两类解释变量下的 F 检验和 BP – LM 检验结果都显示固定效应模型好于混合回归，随机效应模型也好于混合回归；而关于固定效应或随机效应选择的豪斯曼检验结果显示，在分别以 ATFP 和 LTFP 为解释变量时，都应该选择随机效应模型。检验结果见表 3 – 20 的下半部分。根据以上检验结果我们选择的模型是模型 2 和模型 4，在两个模型下的拟合优度 R^2 分别为 0.9147 和 0.9030，

Wald 检验都很显著，说明两个模型的设定和与现实的拟合结果都很好。

在以 ATFP 为主要解释变量的回归结果中，近似全要素生产率与服务贸易出口规模之间在 5% 的显著性水平上呈现正相关关系，全要素生产率与服务贸易出口规模的影响弹性为 1.0069，说明当行业企业的生产率提高时，会促进服务贸易出口规模的增长，这与理论预期的结果是一致的。在其他控制变量中，服务业吸引外资的规模以及服务业比较优势指数对服务贸易出口的影响也都呈现出强烈的正相关关系，说明这两个因素也是服务贸易出口规模扩大的原因，与理论预期的结果也是一致的；服务业发展水平和货物贸易出口规模虽然也与服务贸易出口呈正相关关系，但是系数不显著，可能是服务业发展水平与货物贸易出口对服务贸易出口的影响较小。

表 3 - 20　　　　　　　　　　整体行业面板回归结果

变量	以 ATFP 为解释变量		以 LTFP 为解释变量	
	模型 1（FE）	模型 2（RE）	模型 3（FE）	模型 4（RE）
C	− 1.689571	− 2.085258	− 2.368731	− 3.739405
	(1.681266)	(1.85653　)	(3.037338)	(2.802264)
ATFP	1.167891 **	1.006913 **	—	—
	(0.4689592)	(0.4470738)	—	—
LTFP	—	—	0.3437958	0.0691199
	—	—	(0.5925648)	(0.5237848)
SVAL	0.0782261	0.1178092	0.2563137	0.4272156
	(0.249299)	(0.2417753)	(0.4750708)	(0.4269127)
SFDI	0.2427051 **	0.2544553 ***	0.261879 **	0.2676399 ***
	(0.0938076)	(0.0917146)	(0.1027809)	(0.1004882)
EX	0.2127988	0.2480219	0.2971382	0.3658961 *
	(0.2066514)	(0.2007431)	(0.2312113)	(0.2219758)
TC	1.3351 ***	1.254977 ***	1.243021 ***	1.033929 ***
	(0.302667)	(0.2922573)	(0.4215975)	(0.3795119)
R^2	0.9149	0.9147	0.9037	0.9030
F 统计量	94.67 ***		82.58 ***	
Wald	—	487.79 ***	—	413.05 ***
模型选择的检验				
F 检验	470.65 ***	—	310.98 ***	—
BP − LM 检验	—	181.61 ***	—	120.75 ***
Hausman	1.59（0.9025）		3.83（0.5744）	

注：***、**、*分别表示在 1%、5%、10% 的显著性水平上显著。
资料来源：作者根据回归结果整理。

在以 LTFP 为主要解释变量的回归结果中，劳动生产率与服务贸易出口规模间也呈现出正相关关系，但是影响系数不显著。两者的相关性与理论预期相一致，但是有可能是因为劳动生产率不能完全表示行业企业的生产率水平，因此系数不显著。在其他控制变量中，服务业吸引外资的规模和服务业比较优势指数同样呈现出强烈的正相关关系，同时货物贸易出口规模也在 10% 的显著性水平上对服务贸易出口产生正向影响，都与理论预期相符；但是服务业发展水平这一变量仍然呈现出不显著的正相关关系。两个模型的回归结果中，服务业增加值这一变量都不显著，也可能是因为服务贸易出口规模主要受国外的服务需求影响，而本国的服务供给对服务贸易出口的影响较小。这实际上在一定程度上与中国的服务贸易现实是相吻合的，中国服务贸易长期以来一直保持逆差状态，说明我国的服务需求大于服务供给，由此，国内的服务业发展水平可能是服务贸易逆差的一个原因，而对服务贸易出口规模的影响相对较小。

3. 实证分析结论

我们选取 2004～2011 年分行业服务业数据，全面检验了行业全要素生产率与服务贸易出口规模之间的关系，得到与理论预期相一致的结论。具体来看，我们可以得到这样几点结论。

第一，服务业行业生产率是服务贸易出口的重要原因，服务业生产率的提高能够促进服务贸易出口规模的扩大，与理论预期相一致。这说明将异质性贸易理论扩展到对服务业企业的分析也是适用的，而且能够得到与制造业企业相同的结论：生产率相对较高的服务企业会选择以出口的方式参与国际市场；而生产率较低的企业只能供应国内市场。

第二，服务业吸引外资水平和服务业竞争水平是服务贸易出口规模扩大的重要原因。这与理论预期的结果也是一致的。说明在一定程度上，服务贸易出口是来自于服务业外资企业的出口。服务业竞争水平的提高，能够提高本国服务产品在国际市场上的竞争力，因而服务贸易出口规模也会提高。同时，服务贸易出口规模随着货物贸易出口规模的扩大而扩大，说明有的服务贸易出口是伴随货物贸易出口或者是为货物贸易出口服务的。例如运输贸易，在货物贸易增加的同时，相应的运输服务需求也会增加。换句话说，服务企业的出口行为也有跟随本国客户的特点。

3.4.3 服务企业 OFDI 的决定因素（异质性与 OLI 范式的融合）

根据第 2 章中综合的研究服务业跨国公司的 OLI 范式，结合梅里兹（Melitz，2003）、赫尔普曼等（Helpman et al.，2004）的异质性贸易理论贸易中以生产率差异（边际成本差异）表示的企业异质性，可以把企业的生产率水平加入所有权优势，将企业异质性作为所有权优势的来源之一，扩展所有权优势的外延。

据此，结合前面的分析，我们从母国、行业和企业三个层面对所有权优势进行分解，同时考虑区位优势的影响因素（这里没有考虑内部化优势，主要是因为非股权安排已成为跨国企业发挥其内部化优势的重要方式，我们在本书的第 4 章中分析企业的 FDI 与外包选择时，将会进一步分析），并考虑多重共线性的影响，我们主要选取以下变量进行实证检验。

1. 母国所有权优势

（1）母国的经济发展水平和市场规模。母国的经济发展水平会对国内企业的国际竞争力产生重要影响。邓宁（Dunning，1981）提出的国际投资发展阶段论，指出一国的直接投资流量与一国的经济发展水平密切相关，人均国民收入较高的国家倾向于对外直接投资。刘等（Liu et al.，2005）运用 GMM 估计方法得出，以人均 GDP 为代表的经济增长是解释中国对外直接投资的重要因素。扩展到服务业领域，母国经济发展水平较高，服务业市场规模较大时，其所拥有的服务业对外直接投资也较多。我们用人均 GDP 作为母国经济发展水平的代理变量，用 PGDP 表示，数据来源于中国统计年鉴各期。

（2）母国的 OFDI 规模。由于服务交易过程中的不确定性和信息不对称，追随本国客户是很多服务企业早期对外投资的主要动机。温斯坦（Weinstein，1977）、库利（Khoury，1979）、高博格和桑德斯（Goldberg and Saunders，1981）、鲍尔和乔戈尔（Ball and Tschoegl，1982）、奈伊等（Nigh et al.，1986）的研究都显示跨国银行和广告业企业的对外投资都有追随本国客户的模式。邓宁（Dunning，1989）也指出服务企业追随本国客户的行为可以降低其海外投资的不确定性，并从这种既定关系中受益，随着全球化趋势的加强，服务企业逐渐意识到通过对外投资来巩固原有成本并扩展到新领域是很有必要的。杨春妮（2007）也指出母国其他行业对外直接投资总量的增长能引起本国更多的服务业对外直接投资。我们用中国对外 FDI 中服务业 OFDI 外的其他行业的 OFDI 存量表示，记为 OFDI，数据来源于中国对外直接投资统计公报各期。

2. 行业的所有权优势

（1）行业规模。裴长洪等（2011）研究表明，一国或地区的企业可以依托企业外部优势开展对外直接投资，因为外部优势可以构成企业开展对外直接投资优势的重要外部来源。通常来讲，服务业规模较大的母国会拥有较多的服务业对外直接投资。莫西仁（Moshirian，1997）、李和莫西仁（Li and Moshirian，2004）对保险业对外直接投资的研究表明，母国国民收入以及母国保险市场的规模会促进保险服务业的对外扩展。因此，扩展到服务业各个领域，服务业各行业的发展水平会影响各行业企业的对外投资规模，母国越先进的服务行业，其对外直接投资流量也应该越大。我们用服务业细分个行业增加值来表示行业规模优势，记为 SVAL，数据来源于中国统计年鉴各期。

（2）行业出口规模。有学者对服务业某个行业的研究发现，母国的服务贸易出口规模与本国服务企业的对外直接投资行为间存在正相关关系。莫西仁和帕姆（Moshirian and Pham，2000）、梅里特（Merrett，2002）分别对美国房地产业和澳大利亚金融业的对外直接投资行为进行研究，发现该行业的服务贸易水平是解释同行业 FDI 的重要原因。我们用中国服务贸易出口规模来表示，记为 SEX，数据来源于中国服务贸易统计组表。

3. 企业的所有权优势

（1）企业的生产率水平。赫尔普曼等（Helpman et al.，2004）指出生产率高的企业会参与国际市场，而其中生产率最高的企业会选择 FDI 的方式进入国际市场，实证研究也证实了这一结论。这是从制造业的角度研究的企业生产率对 FDI 的影响。将这一结论应用到服务业领域，从理论上可以得到相同的结论，前面的研究也证实企业生产率与企业对外

FDI 之间存在正相关关系。在以行业面板数据进行实证分析时，我们采用行业企业的近似全要素生产率和劳动生产率的加权全要素生产率表示，记为 WTFP，数据来源于作者的计算；在以企业视角进行分析时，我们采用企业劳动生产率表示企业生产率，记为 LTFP = 企业销售总额/企业雇员总数，数据来源于联合国贸发会议发布的《世界投资报告》。

（2）企业规模。很多研究表明，企业规模是企业对外直接投资的重要解释变量，因为规模越大的企业越具有对外扩展的实力。企业规模也是企业所有权优势的重要来源之一。鲍尔和乔戈尔（Ball and Tschoegl, 1982）、特波斯特拉和于（Terpstra and Yu, 1988）对银行业和广告业的对外直接投资行为进行研究发现，企业规模是影响企业扩张的重要变量。我们用企业的总资产来表示企业规模，记为 TS，数据来源于联合国贸发会议发布的《世界投资报告》。

3.4.4 中国服务企业 OFDI 影响因素的实证分析——行业视角

1. 对服务业分行业企业生产率的再估计

为了得到更有效的表示行业生产率水平的指标，我们借鉴李春顶（2009）的方法，利用 ATFP、LTFP 与服务业 FDI 的相关系数来计算出新的加权平均生产率。进行加权运算，是为了得到更符合我国 OFDI 现实的，并且能够更准确反映分行业企业国际市场进入模式选择的生产率水平。按照生产率的排序初步得出哪些行业应该 FDI，哪些行业应该出口，哪些行业只能存在国内市场。

表 3 - 21 列出了 OFDI 流量和存量与两种生产率的相关系数，根据这些相关系数，我们来计算每种生产率的权数，得到一种加权平均全要素生产率水平，记为 WTFP（Weighted TFP），具体方法为：

$$WTFP = \eta_1 ATFP + \eta_2 LTFP, \quad \eta_1 + \eta_2 = 1 \qquad (3.26)$$

ATFP 的权数 η_1 等于 ATFP 与 OFDI 流量的相关系数除以 ODFI 流量与两种生产率的相关系数的和，得到 $\eta_1 = 0.4558/(0.4558 + 0.5956) = 0.4335$，同样的 $\eta_2 = 0.5665$。同样的方法我们可以求出与 OFDI 存量相关的两种生产率 ATFP 和 LTFP 的权数分别为，$\eta_1' = 0.4027$，$\eta_2' = 0.5973$。

表 3 - 21　　　　OFDI 流量和存量与两种生产率的相关性分析结果

	FOFDI	SOFDI	ATFP	LTFP
FOFDI	1. 0000			
SOFDI	0. 9519	1. 0000		
ATFP	0. 4558	0. 3571	1. 0000	
LTFP	0. 5956	0. 5297	0. 8367	1. 0000

资料来源：作者根据回归结果整理。

我们将前面表 3 - 14 中的 ATFP 均值和 LTFP 均值按照上面计算出的权数，进一步求出加权平均生产率 WTFP，并将 14 个服务行业按降序排列，见表 3 - 22。加权平均全要素生产率在 5 以上的行业有 6 个：第一位是居民服务和其他服务业，第二位是房地产业，第三位是金融业，第四位是批发和零售业，第五位是信息传输、计算机服务和软件业，第六位是住宿和餐饮业。按照理论分析的结果，这些行业的生产率水平最高，应该以 OFDI 的方式参与国际市场；排在第七位的租赁和商务服务业由于服务业本身的特性，该行业属于非贸易部门，因此也应该以 OFDI 的方式参与国际市场；其他生产率较低的行业应该更多地以出口的方式参与国际市场。下面我们将以 WTFP 作为主要解释变量，来检验服务业各行业 OFDI 的主要影响因素。

表 3 - 22　　　　加权平均全要素生产率按细分行业降序排列

行业	WTFP	行业	WTFP
1 居民服务和其他服务业	6. 076704	8 交通运输、仓储和邮政业	4. 759561
2 房地产业	5. 723236	9 科学研究、技术服务和地质勘查业	4. 560954
3 金融业	5. 578163	10 文化、体育和娱乐业	4. 344253
4 批发和零售业	5. 550778	11 公共管理和社会组织	4. 046033
5 信息传输、计算机服务和软件业	5. 472989	12 卫生、社会保障和社会福利业	4. 006639
6 住宿和餐饮业	5. 202124	13 教育	3. 672107
7 租赁和商务服务业	4. 83414	14 水利、环境和公共设施管理业	3. 319332

资料来源：作者根据计算结果整理。

2. 变量说明

综上所述，我们将母国视角服务业 OFDI 的决定因素以及被解释变量列出，并预期解释变量与被解释变量之间的相关性，见表 3 – 23。

表 3 – 23 变量描述与预期符号

变量性质	变量	表示形式	变量描述与数据来源	预期符号
被解释变量	各服务行业 OFDI 流量	FOFDI	反映服务业分行业企业对外直接投资状况，数据来源于中国对外直接投资统计公报	无
	各服务行业 OFDI 存量	SOFDI	反映服务业分行业企业对外直接投资状况，数据来源于中国对外直接投资统计公报	无
解释变量	加权全要素生产率	WTFP	反映行业企业生产率水平，根据近似全要素生产率和劳动生产率的加权平均数计算	+
控制变量	人均 GDP	PGDP	反映母国经济发展水平，数据来源于中国统计年鉴	+
	母国的商业存在	OFDI	中国对外直接投资流量剔除服务业 OFDI 后的流量规模，根据中国对外直接投资统计公报数据计算	+
	服务业发展水平	SVAL	用服务业各行业增加指表示，数据来自于中国统计年鉴	+
	服务贸易出口规模	SEX	用各行业服务贸易出口额表示，根据中国服务贸易统计组表进行行业调整	+

资料来源：作者整理。

3. 模型的建立

根据理论分析的结果以及上面分析的服务业 OFDI 的决定因素，我们以 WTFP 作为主要解释变量，分别以服务业分行业对外直接投资流量和存量为被解释变量，为消除异方差的影响，对所有变量数据取对数。另外，为体现前期投资对后来投资可能产生的积极带动作用，我们在模型中加入被解释变量的滞后一期，据此建立如下的回归模型：

$$\ln\text{FOFDI}_{it} = \beta_0 + \beta_1 \ln\text{FOFDI}_{i,t-1} + \beta_2 \ln\text{WTFP}_{it} + \beta_3 \ln\text{PGDP} + \beta_4 \ln\text{OFDI}$$
$$+ \beta_5 \ln\text{SVAL}_{it} + \beta_6 \ln\text{SEX}_{it} + \varepsilon_{it} \quad\quad (3.27)$$

$$\ln\text{SOFDI}_{it} = \beta_0 + \beta_1\ln\text{SOFDI}_{i,t-1} + \beta_2\ln\text{WTFP}_{it} + \beta_3\ln\text{PGDP} + \beta_4\ln\text{OFDI}$$
$$+ \beta_5\ln\text{SVAL}_{it} + \beta_6\ln\text{SEX}_{it} + \varepsilon_{it} \tag{3.28}$$

4. 实证检验

我们首先采用服务业 OFDI 的行业面板数据，将所有服务业作为一个整体，考察影响服务业 OFDI 的主要因素。

（1）相关性分析。首先，我们对总体样本数据进行相关性分析，得到变量间的相关系数，见表 3 - 24。从表中可以看出，大多数变量间的相关系数为正，与理论预期相一致；接下来我们要通过面板回归的方法来进一步分析解释变量和相关控制变量对被解释变量的影响。

表 3 - 24　　　　　　　　解释变量与被解释变量间的相关关系

	FOFDI	SOFDI	WTFP	PGDP	OFDI	SVAL	SEX
FOFDI	1						
SOFDI	0.9758	1					
WTFP	0.3276	0.3215	1				
PGDP	0.4903	0.4389	0.4815	1			
OFDI	0.4851	0.4380	0.4660	0.9806	1		
SVAL	0.4933	0.4493	0.7994	0.5171	0.5049	1	
SEX	0.5325	0.5161	0.1843	0.2907	0.2784	0.3966	1

资料来源：作者根据统计结果整理。

（2）整个行业的回归结果。我们先对行业整体按照静态面板估计的方式进行回归分析，然后再按照可贸易行业和不可贸易行业分别进行回归分析。面板回归的估计方法的选择需要一系列的检验，前文中已经阐述过，表 3 - 25 报告了模型设定检验结果。模型 1 ~ 模型 3 显示的是以服务业 OFDI 流量为被解释变量时的模型检验结果和回归结果。在模型选择检验中，当以加权全要素生产率作为唯一的解释变量时，豪斯曼检验接受原假设，应该采用随机效用模型，并且 BP - LM 检验结果也证实随机效应模型好于混合 OLS 回归。而在多变量回归的模型选择上，豪斯曼检验都在1%的显著性水平上拒绝原假设，应该采用固定效应模型（FE），且 F 检验结果也支持 FE 回归要好于混合 OLS 回归。在以服务业 OFDI 存量为被解释变量的模型 4～模型 6 中，模型选择的检验结果也与模型 1～模型 3 完全相同，即单变量回归时，选择 RE 模型，多变量回归时选择 FE 模型。

表 3－25　　　　　　　　　　行业整体的面板回归结果

解释变量	以 OFDI 流量为被解释变量			以 OFDI 存量为被解释变量		
	模型 1 (RE)	模型 2 (FE)	模型 3 (FE)	模型 4 (RE)	模型 5 (FE)	模型 6 (FE)
WTFP	4.668598*** (0.7376319)	17.26872*** (6.022306)	20.46014*** (6.053847)	3.871347*** (0.7898371)	21.44381*** (6.382028)	24.77321*** (6.278668)
PGDP	— —	− 8.752859** (3.838529)	− 16.33848*** (5.921483)	— —	− 11.5649*** (4.06781)	− 20.97202*** (6.141388)
OFDI1	— —	247.8741 (295.9243)			45.30838 (313.6003)	
OFDI2	— —		3.957996 (2.468515)			5.044076* (2.560188)
SVAL	— —	0.5521943 (5.374569)	− 1.26905 (5.353397)		0.1539363 (5.695601)	− 1.927601 (5.552206)
SEX	— —	0.4545763 (1.46331)	1.291422 (1.474764)		0.5119897 (1.550716)	1.377755 (1.529532)
C	− 9.907574*** (3.677192)	− 1898.264 (2249.762)	2.761564 (19.82817)	− 3.969208 (3.941335)	− 350.7201 (2384.144)	14.90625 (20.56453)
R²	0.2709	0.5880	0.6045	0.1753	0.5693	0.6040
F 统计量	—	12.56***	13.45***	—	11.63***	13.42***
Wald	40.06	—	—	24.02***	—	—
F 检验	—	6.63***	7.65***	—	6.99***	8.37***
BP－LM	123.49***	—	—	131.33***	—	—
Hausman	2.29	20.09***	25.43***	0.96	27.05***	34.36***
检验	(0.1301)	(0.0012)	(0.0001)	(0.3264)	(0.0001)	(0.0000)
样本数	112	112	112	112	112	112

注：***、**、* 分别表示在 1%、5%、10% 的显著性水平上显著。
资料来源：作者根据回归结果整理。

从回归结果来看，模型 1 和模型 4 显示，行业企业生产率与服务业 OFDI 流量和存量间都存在强烈的正相关关系。但是两个模型的 R^2 都比较小，分别为 0.2709 和 0.1753，说明模型对样本数据的拟合较差，模型的解释能力较弱，这可能是因为企业生产率不是解释服务业 OFDI 的唯一原因。在模型 2 和模型 3 中，在解释变量中分别加入剔除服务业之后 OFDI 流量和存量两个变量，结果显示企业生产率的系数仍显著为正，与理论预期相符；而人均 GDP 都显著为负，与理论预期不符合，但是这似乎能够解释中国作为一个发展中国家与发达国家 OFDI 不同之所在，中国服务业企业的 OFDI 不是在具有母国经济优势的条件下开展的，并没有按照邓宁的对外直接投资阶段论所阐述的发展阶段进行。另外，母国的商业存在，不管以流量还是以存量来衡量，其系数符号都符合预期，与服务业 OFDI 之间存在正相关关系，但是系数并不显著，这意味着中国服务企业 OFDI 行为不一定具备跟随本国客户的特征。而这一结果与中国企业 OFDI 的现实也基本吻合，因为中国服务企业 OFDI 的规模要高于其他行业，不存在跟随制造业或其他行业的特征。中国服务业行业规模优势的影响，在模型 2 的回归结果中显示对服务业 OFDI 产生正的影响，但是不显著；而在模型 3 中的符号为负，且也不显著。这说明行业规模优势对行业企业的 OFDI 行为影响是不确定的。服务贸易出口在模型 2 和模型 3 中都不显著，但符号为正。说明服务企业开展 OFDI 在一定程度上是为了寻求国外市场。在以服务业 OFDI 存量为被解释变量的模型 4 ~ 模型 6 的回归结果与模型 1 ~ 模型 3 的结果基本相同。

（3）可贸易行业和不可贸易行业的回归结果。由于服务业的特性，对生产和消费可分离的服务产品，可以采取服务贸易出口的形式进入国际市场；而对生产和消费必须同时进行的服务产品，即越是生产和消费不可分离程度高的服务行业（如餐饮、住宿等行业），行业内的企业越倾向于选择对外直接投资的方式进入国际市场。所以只有面对可贸易的服务部门时，服务贸易出口才可能会对服务业 OFDI 产生影响。因此，接下来我们将服务业部门分为可贸易部门和不可贸易部门，分别考察影响服务业 OFDI 的主要因素。鉴于行业整体分析时，以服务业 OFDI 流量和存量为被解释变量的结果没有太大差异，在这一环节我们就以服务业 OFDI 流量作为被解释变量。①

---

① 在我们的研究中，可贸易部门主要包括交通运输、仓储和邮政业，信息传输、计算机服务和软件业，金融业，房地产业，租赁和商务服务业，科学研究、技术服务和地质勘查业，以及文化、体育和娱乐业共七个行业；不可贸易部门包括批发和零售业，住宿和餐饮业，居民服务和其他服务业，水利、环境和公共设施管理业，教育，卫生、社会保障和社会福利业以及公共管理和社会组织行业共七个行业。

表 3 - 26 报告了模型设定检验结果。对可贸易行业，模型 1 ~ 模型 3 所显示的回归结果与行业整体回归时的结果是一样的。而对不可贸易行业，企业生产率仍然是企业开展 OFDI 的原因。模型 4 显示出二者之间存在强正相关关系。模型 5 和模型 6 显示出与行业整体以及可贸易行业不同的特征，一是在不可贸易行业中，人均 GDP 与服务业 OFDI 之间存在正相关关系，虽然系数并不显著，这意味着对于不可贸易部门的对外直接投资行为受国内经济发展水平的影响；二是行业规模优势与服务业 OFDI 之间存在负相关关系，即在不可贸易部门中，企业的 OFDI 行为与国内行业发展水平之间呈反方向变化，这可能是因为在不可贸易行业，国内发展水平较低，从而需求较低，因而企业会更多地寻求海外市场。

表 3 - 26　　　　　可贸易行业和不可贸易行业的回归结果

解释变量	可贸易行业			不可贸易行业		
	模型 1 (FE)	模型 2 (FE)	模型 3 (FE)	模型 4 (RE)	模型 5 (RE)	模型 6 (RE)
WTFP	7.734951 *** (1.131848)	17.26872 *** (6.022306)	20.46014 *** (6.053847)	3.274799 *** (1.043255)	2.933738 * (1.655748)	2.706933 (1.915025)
PGDP	—	- 8.752859 ** (3.838529)	- 16.33848 *** (5.921483)	—	3.007379 (2.092258)	.3217982 (5.565372)
OFDI1	—	247.8741 (295.9243)	—	—	- 1.397028 (380.3071)	—
OFDI2	—	—	3.957996 (2.468515)	—	—	1.864087 (3.03572)
SVAL	—	0.5521943 (5.374569)	- 1.26905 (5.353397)	—	- 1.985238 (1.934226)	- 2.226544 (2.250725)
SEX	—	0.4545763 (1.46331)	1.291422 (1.474764)	—	—	—
C	- 24.23157 *** (5.713075)	- 1898.264 (2249.762)	2.761564 (19.82817)	- 4.688559 (5.006849)	6.060856 (2889.651)	0.9075509 (14.2576)
R^2	0.4931	0.5880	0.6045	0.1093	0.1492	0.1617
F 统计量	46.70 ***	12.56 ***	13.45 ***	—	—	—
Wald	—	—	—	9.85 ***	12.20 **	11.82 **
F 检验	12.29 ***	6.63 ***	7.65 ***	—	—	—
BP - LM	—	—	—	60.80 ***	56.66 ***	57.15 ***

84

续表

	可贸易行业			不可贸易行业		
解释变量	模型1（FE）	模型2（FE）	模型3（FE）	模型4（RE）	模型5（RE）	模型6（RE）
Hausman	24.54***	19.06***	25.43***	0.00	5.94	5.60
检验	(0.0000)	(0.0019)	(0.0001)	(0.9549)	(0.2040)	(0.2307)
样本数	56	56	56	56	56	56

注：***、**、*分别表示在1%、5%、10%的显著性水平上显著。
资料来源：作者根据回归结果整理。

5. 行业视角的实证分析结论

通过利用服务业行业面板数据，对服务企业 OFDI 的决定因素进行实证检验，可以得到以下几点结论：第一，服务业行业企业生产率是决定企业 OFDI 的重要原因。在控制其他影响因素时，实证结果显示行业企业生产率对服务业行业 OFDI 流量和存量会产生显著性的正向影响。第二，中国服务企业 OFDI 不存在明显的跟随本国客户的特征。服务企业的海外投资主要是着眼于开发新市场，而不是服务于老客户。第三，中国服务企业 OFDI 行为呈现出区别于发达国家的特征，即使在不具有经济优势的前提下也同样会开展 OFDI，这在一定程度上与发展中国家对外直接投资行为相吻合。

3.4.5 服务企业 OFDI 影响因素的实证分析——企业视角

1. 变量和数据说明

接下来，我们进一步从企业视角的微观数据来验证异质性贸易理论对服务企业的适用性。由于企业微观数据可获得性的限制，在这一部分的实证分析中，我们不局限于中国服务企业行为，而是利用世界服务业跨国公司数据来做进一步分析。我们利用《2013 世界投资报告》附表中的 2012 年世界 100 强非金融业跨国公司数据、2011 年发展中国家和转型经济体 100 强非金融业跨国公司数据以及 2012 年金融业 50 强跨国公司数据，从世界 100 强跨国公司中选择其中的 37 个服务业跨国公司，从发展中国家和转型经济体 100 强跨国公司中选择其中的 46 个服务业跨国公司，以及 50 个金融业跨国公司三类跨国公司的数据，分别进行检验。研究样本共有 133 个服务业跨国公司。

世界 100 强中的服务业跨国公司来自批发（4 个）、零售（3 个）、公用事业（10 个）、通信（9 个）、运输和仓储（3 个，其中包括中国远洋运输集团）、建筑（1 个）、电气服务（1 个）、消费服务（1 个）、商务服务（1 个）以及多样化企业（4 个，其中包含中国国际信托投资公司）等行业共 37 个跨国公司。发展中国家和转型经济体 100 强中的服务业跨国公司来自批发（3 个，包含中国的冠捷科技有限公司）、运输和仓储（3 个，包括中国远洋运输集团）、通信（12 个，包括中国移动）、公用事业（4 个）、消费服务（7 个）、建筑（4 个，包括中铁建筑公司）、商务服务（1 个）、其他服务（2 个）、多样化企业（10 个，包括中国国际信托投资公司）等行业共 46 个跨国公司。样本中共有 5 个中国服务业跨国公司。

研究服务业跨国公司的海外投资影响因素，我们以服务业跨国公司的海外资产作为被解释变量，用 OFDI 表示；也可以用跨国公司海外分支机构的数量表示，记为 AFFI。前面已经分析了服务业 OFDI 的影响因素中，企业所有权优势的来源主要包括企业生产率和企业规模两个方面。我们用跨国公司的劳动生产率表示企业的生产率水平，即采用跨国公司销售总额除以雇员总数表示，记为 LTFP；企业规模我们用服务业跨国公司的总资产表示，记为 TS；另外，还可以用跨国公司的东道国数目表示企业的跨国经验，记为 HOST。数据都来源于《2013 世界投资报告》。

2. 模型的建立

根据理论分析的结果和变量的设定以及样本对象的不同，我们建立两个模型对微观服务企业的海外投资行为进行实证检验，为了消除异方差的影响，对所有变量数据取对数。在以世界 100 强中的非金融类服务业跨国公司为研究对象时，采用如下模型：

$$\ln OFDI = \beta_0 + \beta_1 \ln LTFP + \beta_2 \ln TS + \varepsilon \qquad (3.29)$$

在以发展中国家 100 强中的非金融类服务业跨国公司为研究对象时，采取如下模型：

$$\ln OFDI = \beta_0 + \beta_1 \ln LTFP + \beta_2 \ln TS + \beta_3 DUM + \varepsilon \qquad (3.30)$$

在以世界 50 强金融业跨国公司为研究对象时，我们采用如下模型：

$$\ln AFFI = \beta_0 + \beta_1 \ln LTFP + \beta_2 \ln TS + \beta_3 \ln HOST + \varepsilon \qquad (3.31)$$

3. 实证检验

首先，对世界 100 强中的非金融类服务业跨国公司的海外投资行为进行回归分析，表 3 - 27 的回归结果显示，回归方程的 F 统计量在 1% 的显著性水平下显著，说明模型的设定是正确的，R^2 为 0.67，说明模型的拟合效果较好。从回归系数来看，代表跨国公司规模的总资产变量的系数通过 1% 的显著性检验，且符号为正，说明企业资产规模对企业的海外投资行为有重要影响；劳动生产率的系数虽然符号为正，但是不显著，说明劳动生产率对企业投资行为的影响有限。另外从分行业回归结果来看，批发、零售、公用事业以及通信业等行业的跨国公司的投资行为主要受劳动生产率影响，并且作用方向与理论预期的一致，这说明异质性企业贸易理论的结论在这几个服务行业的跨国公司行为中得到验证，进一步观察可以发现，这些服务行业（除通信业外）基本上属于生产和消费不可分离的行业，这样的行业要参与国际市场更多地选择 FDI 的方式，说明生产和消费不可分离的行业中的跨国公司的对外投资行为更显著地受企业生产率水平决定；但是多元化服务业以及运输和仓储业回归系数虽然为正，但是不显著；其他服务业的回归系数不显著为负，且这三个行业回归的 F 统计量也都不显著。这说明多元化服务业、运输和仓储业以及其他服务业跨国公司的投资行为与生产率和企业规模的相关性都不确定。

表 3 - 27　　对世界 100 强非金融类服务业跨国公司的回归结果

变量	以海外资产为被解释变量的检验			
	系数	标准差	T 统计量	概率
C	3.587577 **	1.377739	2.60	0.014
LTFP	0.0695505	0.0562222	1.24	0.225
TS	0.6176109 ***	0.1314796	4.70	0.000
R^2	0.6711			
F 统计量	19.61 ***			

分行业的检验					
行业	LTFP	TS	C	R^2	F 统计量
批发	1.045866 * (0.0869317)	0.2627699 (0.0565873)	- 2.445812 (0.8111322)	0.9935	299.02 ***
零售	0.7870669 ** (0.0445609)	— —	1.752813 (0.5117135)	0.9936	311.97 ***

续表

变量	以海外资产为被解释变量的检验			
	系数	标准差	T 统计量	概率
分行业的检验				
公用事业	0. 6605797 *** (0. 1712202)	0. 0639361 (0. 0605233)	3. 194887 (1. 800399)	0. 8061	16. 92 ***
通信	0. 9109901 *** (0. 1282903)	0. 4828154 * (0. 2394996)	− 1. 256894 (1. 707065)	0. 8761	27. 57 ***
多元化	0. 0973843 (0. 0944304)	− 0. 2176627 (0. 127535)	10. 73237 * (1. 07805)	0. 7526	1. 56
运输和仓储	0. 6724572 (0. 1637141)	—	3. 254706 (1. 790267)	0. 8881	16. 60
其他服务业	− 0. 135168 (0. 3788967)	0. 2246619 (0. 2302453)	11. 29707 (3. 411144)	0. 8068	8. 41

注: *** 、 ** 、 * 分别表示在1%、5%、10%的显著性水平上显著。
资料来源: 作者根据回归结果整理。

其次, 对发展中国家 100 强中的非金融类服务业跨国公司进行回归, 结果见表 3 - 28。与对世界 100 强中的非金融类服务业跨国公司的分析不同的是, 为了进一步考虑不同服务业本身的特性对 OFDI 的影响, 例如, 有些服务行业的生产和消费不可分离, 那么越是生产和消费不可分离的行业中的企业越倾向于选择 OFDI 的经营方式, 我们将发展中国家 100 强中的非金融类跨国公司按照生产和消费可否分类分为两类, 在回归模型中用虚拟变量 DUM 来表示。生产和消费不可分离的行业 (包括批发、公用事业、消费服务以及建筑服务) DUM = 1; 生产和消费可分离的行业 (包括多样化服务、运输和仓储服务、通信服务和其他商业服务) DUM = 0。从回归结果来看, 回归方程的 F 统计量通过 1% 的显著性检验, 说明模型设定是正确的; 同时模型的拟合优度为 0. 49, 在一定程度上模型的解释能力是可以的。从各变量的回归系数来看, 劳动生产率和企业规模都与跨国公司的海外投资行为呈正相关关系, 但是劳动生产率的系数不显著, 说明企业生产率对发展中国家服务业跨国公司的海外投资行为影响不是决定性的; 而企业规模的系数显著, 说明企业规模是决定发展中国家服务业跨国公司对外投资的重要原因。另外, 表示服务业生产和消费不可分离程度的虚拟变量叙述不显著，且符号为负，这说明目前发展中国家服务业跨国公司的 FDI 行为不存在部门间的差异（生产与消费是否可分离），这可能是因为随着电子通信技术的发展，服务部门行业间的差异也在缩小，可以理解为发展中国家服务业跨国公司开展的更多的是基于出口导向型的 FDI。

表 3 – 28　　　对发展中国家和转型经济体 100 强非金融类服务业
跨国公司的回归结果

变量	以海外资产为被解释变量的检验			
	系数	标准差	T 统计量	概率
C	3. 29776 ***	1. 157124	2. 85	0. 007
LTFP	0. 0874607	0. 0702267	1. 25	0. 220
TS	0. 5625367 ***	0. 1264433	4. 45	0. 000
DUM	– 0. 0035027	0. 2217571	– 0. 02	0. 987
R^2	0. 4945			
F 统计量	12. 45 ***			

注：*** 、** 、* 分别表示在 1% 、5% 、10% 的显著性水平上显著。
资料来源：作者根据回归结果整理。

最后，对世界 50 强金融类跨国公司进行回归，回归结果见表 3 – 29。在对金融类跨国公司进行分析时，我们加入了跨国公司的跨国经验这一变量。从回归结果来看，在第一个模型中包含跨国公司的跨国经验，除了跨国经验变量外，其他两个变量都不显著；在第二个模型中，不考虑跨国公司的海外投资经验，企业生产率和企业规模两个变量都在 1% 的显著性水平上显著，且企业规模与企业投资行为呈现强烈的正相关关系，但企业生产率与企业投资间呈负相关关系，这与理论预期的结果不符。同时第二个模型的拟合优度相比第一个模型降低，说明第二个模型的解释能力不如第一个模型。对于这种回归结果可以解释为，世界 50 强的金融类跨国公司，其投资的东道国的数目越多，表示企业的海外投资经验越丰富，消费者对企业的信任度和认可度越高，从而越有利于企业更多地扩展海外业务。所以回归结果证实金融类跨国公司的跨国经验是其海外扩张的重要影响因素。对于公司的总资产规模对 FDI 的影响不显著可以理解为，公司资产与海外经营之间会呈现一种正向线性关系，两个变量会存在多重共线性的问题，所以在第二个模型中不考虑跨国经验时，TS 的系数变得非常显著。另外，对于企业生产率的系数为负这一点，可能是因为我们对劳动生产率的计算不很准确，严格来讲应该计算跨国公司母公司的生产率水平，然而由于统计数据所限，我们采用的是母公司和子公司所有总资产除以所有雇员数得到的劳动生产率，从而不能正确反映母公司的劳动生产率，导致回归系数出现偏差。

表 3－29　　　　　　　　对世界 50 强金融类跨国公司的回归结果

	以跨国公司海外分支机构数目被解释变量的检验			
	模型 1		模型 2	
变量	系数	标准差	系数	标准差
C	0.3930111	1.464098	0.0697665	1.856153
LTFP	−0.1392339	0.132965	−0.5576299 ***	0.1575101
TS	0.1206478	0.1355968	0.6687204 ***	0.1311262
HOST	1.220458 ***	0.2126059	—	
R^2	0.6466		0.4067	
F 统计量	27.92 ***		15.77 ***	

注：*** 、** 、* 分别表示在 1%、5%、10% 的显著性水平上显著。
资料来源：作者根据回归结果整理。

4. 企业视角的实证分析结论

根据对全球各类最大的服务业跨国公司的实证检验，我们发现：

第一，对大多数服务业跨国公司来讲，企业生产率与企业的对外投资行为呈正相关关系，这与异质性企业贸易理论的结论相一致。但是与行业数据的分析结果相同，企业生产率并不是决定企业对外投资的唯一原因，而且在不同行业中，企业生产率对企业对外投资的影响是不同的。这与理论分析的结论也是一致的。

第二，异质性服务业跨国公司的海外投资行为具有与制造业相同的一些特性。服务业跨国公司总资产规模的扩大，无论对企业海外资产的增加还是海外分支机构的建立都有重要的促进作用。企业规模的扩大是企业所有权优势的重要来源，实证分析的结果让我们发现服务业跨国公司相同于制造业跨国公司的这一特性。另外，对金融类跨国公司来讲，企业所拥有的东道国数目越多，海外投资经验越丰富越有利于企业更多地开展对外投资。

第三，对发达国家服务业跨国公司的研究发现，不同的服务行业中企业生产率对企业对外投资的影响不同。在批发、零售、公用事业以及通信业等行业（前三类属于生产和消费不可分离程度较高的行业），生产率差异代表的企业异质性对发达国家服务业跨国公司的对外投资产生显著的正影响，即在这些行业中生产率高的企业更多地开展FDI。

第四，根据服务业的特性，越是生产和消费不可分离的服务行业，企业的对外直接投资行为应该也越多。但是对发展中国家跨国公司的研究表明，服务业的这一特性对发展中国家跨国公司对外投资的影响是不显著的。可以理解为发展中国家服务业跨国公司的对外投资更多的是基于出口导向型，杨春妮（2007）指出，寻求低成本的服务外包使很多企业将对外直接投资当作一个战略选择。

3.5　本章小结

本章主要从理论和实证的角度，分析了异质性服务企业国际市场进入模式的选择。在综合前人分析的基础上，将异质性企业贸易理论的研究视角扩展到服务业领域，在假定企业对自身生产率明确，并且生产的都是异质性产品的条件下，会根据自身生产率水平来选择不同的国际化道路，理论分析的结果与基础模型的结论基本一致，生产率最高的服务企业会选择在国外市场进行服务业FDI；生产率较低的企业选择以服务贸易出口的方式进入国际市场；而生产率最低的企业只能供应国内市场。

在实证研究部分，我们采用服务业分行业面板数据，首先利用DEA技术测算了分行业企业的全要素生产率，然后检验全要素生产率与出口规模增长率之间的相关性，实证结果证实全要素生产率与服务贸易出口规模增长率之间存在正相关关系，并且全要素生产率是服务贸易出口增长的原因。在利用近似全要素生产率和劳动生产率分别与出口规模和OFDI流量的面板回归分析中，同样得到作为解释变量的企业生产率对出口规模和 OFDI 流量产生正的影响。通过将 OFDI 流量和存量的降序排列以及企业生产率的降序排列相比较，基本能够得到生产率较高的行业，其 OFDI 规模也相对较大，这与理论分析的结论是一致的。

为了得到更有效的服务贸易出口和服务业 OFDI 的决定因素，我们综合理论和实证研究的文献，进一步研究了出口与 FDI 的影响因素。第一，服务业生产率的提高能够促进服务贸易出口规模的扩大，与理论预期相一致。这说明将异质性贸易理论扩展到对服务业企业的分析也是适用的。第二，服务业吸引外资水平和服务业竞争水平是服务贸易出口规模扩大的重要原因。这与理论预期的结果也是一致的。说明在一定程度上，服务贸易出口是来自于服务业外资企业的出口。服务业竞争水平的提高，能够提高本国服务企业在国际市场上的竞争力，因而服务贸易出口规模也会提高。同时，服务贸易出口规模随着货物贸易出口规模的扩大而扩大，说明有的服务贸易出口是伴随货物贸易出口或者是为货物贸易出口服务的。即服务企业的出口行为也有跟随本国客户的特点。第三，服务业行业企业生产率是决定企业 OFDI 的重要原因。在控制其他影响因素时，实证结果显示行业企业生产率对服务业行业 OFDI 流量和存量会产生显著性的正向影响。第四，中国服务企业 OFDI 不存在明显的跟随本国客户的特征，服务企业的海外投资主要是着眼于开发新市场，而不是服务于老客户；同时中国服务企业 OFDI 行为呈现出区别于发达国家的特征，即使在不具有经济优势的前提下也同样会开展 OFDI，这在一定程度上与发展中国家对外直接投资行为相吻合。第五，服务业跨国公司企业相同于制造业跨国公司，生产率越高、跨国经验越丰富，OFDI 规模越大。

第4章 异质性服务企业国际生产组织模式的选择：FDI 与外包

4.1 引　言

随着国际分工的深化以及信息技术的发展，产品内分工带来的公司内贸易的比重越来越大，而传统贸易理论和新贸易理论以及产业组织理论都无法解释跨国公司在国际贸易和国际投资中生产和组织模式的变化。安特拉斯（Antras，2003）建立的企业内生边界理论在企业异质性的假定基础上，将不完全契约理论和产业组织理论相结合并应用到贸易模型中，研究跨国公司国际生产组织模式的选择及影响因素。本章主要在异质性企业贸易理论的框架内，研究异质性服务企业国际生产组织模式的选择，即在服务产品的生产可分割的情况下，异质性服务企业是选择以 FDI 的形式获取中间投入品还是以外包的形式获取中间投入品。本节分析的思路和内容包括：在现有模型的基础上，对现有模型进行修正，建立适用于分析异质性服务企业 FDI 与离岸外包选择的理论框架，并推导出异质性服务企业选择的主要结论；然后根据理论分析的结果，结合我国承接离岸服务外包的现实，从承接国的角度检验不完全契约对服务外包承接规模的影响，从而侧面验证服务业跨国公司对 FDI 与外包的选择。

4.2 异质性服务企业全球生产组织模式：理论模型的扩展

将异质性企业贸易理论扩展到对服务企业 FDI 与外包的选择研究

上，是对理论研究的进一步扩展和深化。在服务业经济占据全球经济主体地位的今天，服务企业的全球经营活动更值得关注。本节的模型建立在安特拉斯（Antras，2003）以及安特拉斯和赫尔普曼（Antras and Helpman，2004）的基础上，安特拉斯和赫尔普曼（Antras and Helpman，2004）将安特拉斯（Antras，2003）的不完全契约知识产权模型和梅里兹（Melitz，2003）的异质性企业贸易理论模型相结合，建立了一个关于异质性企业的南北贸易模型，探索不完全契约下异质性企业国际生产组织模式的选择。假定北方国家（发达国家）生产最终产品，且生产最终产品者是异质性的企业，根据不同的生产率条件以及行业特征，最终产品生产者要选择获取中间投入品的组织模式和区位。无论在何种组织模式下，最终产品生产者和中间投入品供应者都必须要建立一种合作关系。研究结果发现：在区位选择上，生产率较高的企业从南方国家（发展中国家）获取中间品，而生产率较低的企业从北方国家（发达国家）获取中间品；在组织模式选择上，生产率较高的企业会选择内部一体化而生产率较低的企业选择外部外包。

本节模型与安特拉斯和赫尔普曼（Antras and Helpman，2004）的主要区别在于：在安特拉斯和赫尔普曼（Antras and Helpman，2004）的模型中，关于企业国际生产组织模式的选择主要涉及两个方面：一是在生产可分割的前提下，异质性企业会通过垂直一体化即 FDI 的形式，还是垂直专业化即外包的形式来生产中间投入品；二是企业的一体化生产或外包生产是在国内进行还是国外进行。针对这两方面的问题，企业面临四种生产组织模式：国内垂直一体化、国外垂直一体化（FDI）、国内外包以及离岸外包四种选择。在本节的分析中，我们专注于异质性服务企业 FDI 与离岸外包的选择。不考虑安特拉斯和赫尔普曼（Antras and Helpman，2004）中关于区位因素对组织成本的影响，因此抛弃安特拉斯和赫尔普曼（Antras and Helpman，2004）关于国内外包与国外外包的选择，以及国内一体化与 FDI 的选择。

4.2.1 基本假设

假设世界上有两类国家：发达国家 N 和发展中国家 S；两类生产要素：资本密集型和劳动密集型；两类厂商：最终产品生产者 H 和中间

投入品供给者 M；两类服务品：资本密集型服务品和劳动密集型服务品。发达国家拥有资本密集型和劳动密集型两种生产要素；发展中国家只拥有劳动密集型生产要素。发达国家的工资水平大于发展中国家，即 $w^N > w^S$。资本密集型服务产品市场是垄断竞争市场，生产中需要用到两类要素，只能用最终产品生产者 H 在发达国家 N 进行生产；而劳动密集型服务产品的生产只需要劳动密集型要素，可以用中间投入品供给者 M 在任何国家生产。

假设生产过程可以分割（类似于产品制造过程，服务产品的生产过程也可以分割，例如现实中存在的流程外包、呼叫中心外移等），最终产品生产者可以选择从本国或外国采购中间投入品。与安特拉斯和赫尔普曼（Antras and Helpman，2004）不同，我们假设最终产品生产者会从海外选择中间产品供应商，那么其对中间投入品生产者具有两种所有权安排，一种是内部垂直一体化，即通过 FDI 的形式从海外建立分公司，用 F 表示；一种是外部垂直专业化，即外包的形式，用 O 表示。

在不完全契约条件下，最终产品生产者 H 和国外的中间品供应商M，双方在事前不会签订正式的契约。事前契约一旦签订，中间产品供应商很可能将质量低的中间投入品提供给最终产品生产者，从而获取超额利润；最终产品生产者将会因此遭受损失。而如果双方能够事后对剩余所有权进行谈判，并假设 H 将获得剩余所有权的比例为 $\beta \in (0, 1)$，则 M 获得的剩余所有权为 $1 - \beta$，这种对剩余所有权的追逐就能避免 M 向 H 提供劣质中间投入品。

4.2.2　模型分析

1. 消费

两个国家消费者的偏好是相同的，根据安特拉斯和赫尔普曼（Antras and Helpman，2004）的研究，消费者的效用函数可以表示为：

$$U = x_0 + \frac{1}{\mu} \sum_{h=1}^{H} X_h^{\mu}, \quad 0 < \mu < 1 \qquad (4.1)$$

这里 x_0 表示对同质产品的消费，X_h 表示对 h 部门服务的总消费，μ 是参数。消费者对 h 部门不同类服务产品 $x_h(i)$ 的总消费是 CES 函数形式：

$$X_h = \left[\int x_h(i)^\alpha di \right]^{1/\alpha} , \ 0 < \alpha < 1 \tag{4.2}$$

给定部门中任意两类产品的替代弹性是 $\varepsilon = \dfrac{1}{(1-\alpha)} > 1$。假设 $\alpha >$ μ。则部门内任意两类产品的替代弹性大于部门内产品与 x_0 的替代弹性，也大于部门间任意两类产品的替代弹性。那么在行业 h 内对每一类产品 i 的反需求函数为：

$$p_h(i) = X_h^{\mu-\alpha} x_h(i)^{\alpha-1} \tag{4.3}$$

每个国家差别产品生产者所面临的劳动供给弹性是完全的。北方国家的工资率大于南方国家 $w^N > w^S$。不同行业的差别主要体现在技术水平和组织成本上。

2. 生产

企业生产任意一类产品，都需要承担一定的固定成本，用 f_E 表示。假设每个厂商都明确自身的生产率水平 φ，其分布函数为 $G(\varphi)$。根据自身的生产率水平企业决定是否要进入或退出市场，如果企业进入并生产，则其面临另外一种组织成本，这种组织成本取决于企业对产品生产的所有权结构。

假设生产最终服务产品需要两种中间投入品 $k_h(i)$ 和 $m_h(i)$，分别代表核心服务和中间服务。根据安特拉斯和赫尔普曼（Antras and Helpman，2004）的研究，每种最终产品的生产函数都是柯布—道格拉斯函数形式：

$$x_h(i) = \varphi \left(\frac{k_h(i)}{\theta_h} \right)^{\theta_h} \left(\frac{m_h(i)}{1-\theta_h} \right)^{1-\theta_h} , \ 0 < \theta_h < 1 \tag{4.4}$$

θ_h 表示核心服务的密集程度，θ_h 越大，则该行业核心服务的密集度越高。另外，核心服务 $k_h(i)$ 只能由发达国家的企业提供，单位劳动得到单位产出；中间服务 $m_h(i)$ 可以由任何国家的企业提供，每个国家都是单位劳动获得单位产出。

在服务生产过程可以分割的条件下，发达国家 N 的最终产品生产者 H 可以在发展中国家寻找中间产品供给者 M。（虽然最终产品生产者也可以从发达国家寻找中间服务供应商，但是前面的假设条件中已经说明，为了得到企业关于 FDI 与离岸外包的选择结果，基于发展中国家的低成本优势，我们只讨论发展中国家的中间供应商）。H 在发达国家生产面临固定的进入成本为 $w^N f_E$，最终服务和中间投入服务的联合管理成本（包括监管、质量控制以及财务和营销等）取决于最终服务产品生产者的生产组织形式（FDI 或离岸外包），统称为企业的固定组织成本，用 $w^N f_R$ 表示（R = F，O）。在两种生产组织形式下，最终产品生产者 H 对中间服务供应商 M 有两种所有权安排：如果 H 对 M 拥有所有权，则 H 采用的是 FDI 的组织模式，用 F 表示；如果 H 不拥有对 M 的所有权，则 H 采用的是离岸外包的组织模式，用 O 表示。

FDI 与离岸外包两种生产组织模式面临不同的组织成本。通常 FDI 的管理成本大于离岸外包；同时，FDI 的规模经济效应会降低固定的组织成本。但是我们跟随安特拉斯和赫尔普曼（Antras and Helpman，2004）的假定，认为 FDI 下的组织成本较大，即：

$$f_F^S > f_O^S \tag{4.5}$$

在不完全契约条件下，为防止 M 提供劣质中间投入品，H 和 M 不可能事前签订强制性的完全契约，所以两者在投入品生产后会就剩余所有权进行议价。这种事后的议价行为可以看作一般纳什博弈。最终产品生产者 H 从中获得的利益用 $\beta \in (0，1)$ 表示。在 FDI 或者离岸外包的组织模式下，事后谈判都会发现 H 是否拥有 M 的所有权决定了 H 的外部选择。在 H 不拥有 M 的所有权时（离岸外包时），如果双方达不成关于剩余所有权的统一意见，则双方都得不到任何收益；在 H 拥有 M 的所有权时（FDI 时），则 H 可以解雇 M，同时也可以获得中间服务 m_h (i)。如果 H 可以无成本解雇 M，则 M 根本不会生产，同时 H 的收益也为零。假设 H 解雇 M 带来的损失占产出的比例是 $1 - \delta$，则 H 会根据利润最大化原则来选择是否要拥有对 M 的所有权。如果 M 的供给是无限弹性的，那么不管 M 事前的外部选择如何，均衡时 M 获得的利润都是相等的。

3. 均衡的分析

通过分析 H 和 M 博弈中的支付矩阵，可以得出均衡时 H 的选择。如果 H 和 M 双方达成一致意见，则最终产品销售的潜在收益为 R(i) = p(i)x(i)。根据前面的 p(i) 和 x(i) 的表达式，可以把总收益改写成：

$$R(i) = X^{\mu - \alpha} \varphi^\alpha \left(\frac{k(i)}{\theta} \right)^{\alpha\theta} \left(\frac{m(i)}{1 - \theta} \right)^{\alpha(1 - \theta)} \tag{4.6}$$

如果双方没有达成协议，则 M 的外部选择总是 0，那么 H 的选择会随其所有权安排不同而不同。如果 H 选择离岸外包中间服务，则 H 的外部选择也是 0，此时，H 获得 $\beta R(i)$，M 获得 $(1 - \beta)R(i)$。根据格鲁斯曼和哈特（Grossman and Hart，1986）的研究，假设在 FDI 的组织模式下，最终产品生产者 H 具有更大的影响力。如果合作双方没有达成一致协议，H 可以销售 $\delta x(i)$ 的产出，获取收益为 $\delta^\alpha R(i)$，从事后贸易中可以获得的收益为 $(1 - \delta^\alpha)R(i)$。在这个议价过程中，H 得到的总收益为 $\delta^\alpha R(i) + \beta(1 - \delta^\alpha)R(i)$，而 M 获得的总收益为 $(1 - \beta)(1 - \delta^\alpha)R(i)$。

$\beta_R(R = F, O)$ 表示 H 在不同所有权安排下能够获取的收益比例，则：

$$\beta_F^S = \delta^\alpha + \beta(1 - \delta^\alpha) > \beta_0^S = \beta \tag{4.7}$$

这个式子表明 H 在 FDI 下获得的收益比例大于在离岸外包下的收益比例。依据格鲁斯曼和哈特（Grossman and Hart，1986）的研究，FDI 下 H 能够获得较大的剩余所有权，这就加强了 H 的议价能力，所以 H 能够获得较大比例的收益。

在不完全契约条件下，双方没有提前约定 $k(i)$ 和 $m(i)$ 的供给数量，那么 H 和 M 都会选择能够给各自带来最大收益的供给量。H 提供的核心服务的数量要使 $\beta_R R(i) - w^N k(i)$ 最大；M 提供的中间投入服务要使 $(1 - \beta_R)R(i) - w^S m(i)$ 最大。求出两个厂商收益的一阶条件，结合 $R(i)$ 的表达式（4.6），得到总利润为：

$$\pi_R(\varphi, X, \theta) = X^{(\mu-\alpha)/(1-\varepsilon)} \varphi^{\alpha/(1-\alpha)} \phi_R(\theta) - w^N f_R \tag{4.8}$$

$$\phi_R(\theta) = \frac{1 - \alpha[\beta_R\theta + (1 - \beta_R)(1 - \theta)]}{\left[\frac{1}{\alpha}\left(\frac{w^N}{\beta_R}\right)^\theta\left(\frac{w^S}{1 - \beta_R}\right)^{1-\theta}\right]^{\alpha/(1-\alpha)}} \tag{4.9}$$

异质性服务企业通过组织形式的选择来使 $\pi_R(\varphi, X, \theta)$ 最大化。对生产率 φ 已知的最终服务产品生产者 H，要选择一种组织形式来实现利润最大化：

$$\pi(\varphi, X, \theta) = \max_{R \in (F,O)} \pi_R(\varphi, X, \theta) \tag{4.10}$$

要实现利润最大化，最终产品生产者 H 必须要选择能使式（4.8）最大的 (β_R, f_R)。很明显，$\pi_R(\varphi, X, \theta)$ 是 f_R 的减函数，所以 H 会偏好固定成本较小的组织形式。对于固定成本，前面已经得出结论 $f_F > f_0$。对于 β_R，如果 H 能够自由选择其收益比例，那么他一定会选择一种 $\beta* \in [0, 1]$，能够使 $\phi_R(\theta)$ 最大。

$$\beta*(\theta) = \frac{\theta(\alpha\theta+1-\alpha) - \sqrt{\theta(1-\theta)(1-\alpha\theta)(\alpha\theta+1-\alpha)}}{2\theta-1}$$

$$(4.11)$$

β_R 较大，意味着 H 能够获得较大的收益比例，但同时 M 获得的收益比例较小，导致 M 提供较少的中间服务，从而使得最终产品产出下降，收益降低。因此，最终产品生产者 H 要在较大的 β_R 和较小收益之间进行权衡。

由于不完全契约的存在，无论事后谈判中如何分配剩余所有权，双方都不会获得自己生产的全部边际收益，从而导致双方的投资都不足。双方投资不足的程度与他们获取的剩余所有权的比例是相反的。投资不足的程度越高，事后谈判中获得的剩余所有权的分配比例越小。另外，根据事前的约定，事后谈判将会给予较为重要的投资方较大的 β。因此核心服务的资本密集度 θ 越大，则 H 获得的 β 越大，收益越高。如果 θ 越接近 1，较高的 β_R 能够获取较高的利润；如果 θ 越接近于 0，那么较低的 β_R 能够获取较高的利润。根据式（4.7）$\beta_F > \beta_0$，最终产品生产者组织对 M 的所有权安排取决于 H 的生产率水平。

在可自由进出的行业的零利润条件下，潜在进入者的预期利润等于该行业的固定进入成本。企业能够自由进入和退出该行业的条件也就是零利润条件：

$$\pi(\bar{\varphi}, X, \theta) = 0 \qquad (4.12)$$

零利润条件下获得的生产率 $\bar{\varphi}$ 就是门槛生产率，它取决于该部门的总消费指数 X，即可以用 $\bar{\varphi}(X)$ 表示。低于门槛生产率 $\bar{\varphi}(X)$ 的企业会选择退出这个行业；如果企业的生产率水平大于 $\bar{\varphi}(X)$ 时，它将留在这个行业中，并且选择一种组织模式来实现利润最大化。在这种情况下，自由进出条件可以表述为：

$$\int_{\bar{\varphi}(X)}^{\infty} \pi(\varphi, X, \theta) dG(\varphi) = w^N f_E \qquad (4.13)$$

根据这个条件可解出部门的消费指数 X，利用 X 可计算出门槛生产率，不同生产率水平的最终产品生产者的组织形式。

4. 企业组织形式的选择

根据安特拉斯和赫尔普曼（Antras and Helpman，2004）的研究，企业组织形式的选择面临以下权衡：发展中国家的可变成本（工资）

较低，但是包括监管、质量控制、营销等在内的固定成本较高；FDI 给予企业较高的收益比例，但也面临较高的固定成本；H 如果获得较高的收益比例，那么可以激励 H 提供更多的资本密集型服务，但是却导致 M 提供较少的中间服务。因此 H 不一定能够从高收益比例中获益。基于这些考虑，企业来选择自身的国际生产组织模式。

资本密集型服务产品和劳动密集型服务产品相对应的是两种行业：资本密集型行业（核心服务密集型行业），其 θ 较大；劳动密集型行业（核心服务密集度较低），其 θ 较小。不同行业中不同生产率的企业会选择不同的组织形式。在劳动密集型行业中，没有企业会选择 FDI 的组织形式，该行业中较高生产率的企业会选择在发展中国家采取离岸外包的方式组织中间投入服务的生产；在资本密集型行业，企业会从发展中国家获取中间服务品。其中生产率最高的企业以 FDI 的方式获取中间投入品，而生产率较低的企业以离岸外包的方式获取。

（1）劳动密集型行业中企业组织模式的选择。在劳动密集型行业，$\beta^*(\theta) < \beta_0^S = \beta$，利润函数是 β_R 的减函数，这种情况下，最终产品生产者 H 会倾向于选择外包的组织模式，因为外包承担较低的固定成本。最终产品生产者 H 是否要在发展中国家以离岸外包的形式获取中间品，取决于发展中国家较低的可变成本与发达国家较低的组织成本之间进行权衡。这取决于国家间工资差异与国家间固定组织成本差异的大小。

图 4 - 1 中横轴表示生产率水平 $\varphi^{\alpha/(1-\alpha)}$，纵轴表示利润水平，根据式（4.8），可知利润是企业生产率 φ 的线性函数，且有截距为 $-w^N f_R^{N,S}$，斜率与 $\phi_R(\theta)$ 成比例。因为发展中国家的工资较低，而固定成本较高，因此 π_0^S 更陡峭。

而如果工资差别相对于固定成本差别较大，即 $w^N/w^S > (f_0^S/f_0^N)^{(1-\alpha)/\alpha(1-\theta)}$。根据图 4 - 1，两条利润曲线相交于横轴下方，在交点处企业获得的利润为负。此时零利润条件的门槛生产率水平为 π_0^S 和横轴的交点处的生产率 $(\varphi_0^S)^{\alpha/(1-\alpha)}$，生产率低于这一门槛生产率的企业会退出；生产率高于这一门槛生产率的企业会选择在发展中国家离岸外包中间投入品，此时，没有企业会选择在国内外包中间投入品。

门槛生产率可通过下式获得：

$$\varphi_0^S = X^{(\mu-\alpha)/(1-\alpha)} \left[\frac{w^N(f_0^S - f_0^N)}{\phi_0^S(\theta) - \phi_0^N(\theta)} \right]^{(1-\alpha)/\alpha} \tag{4.14}$$

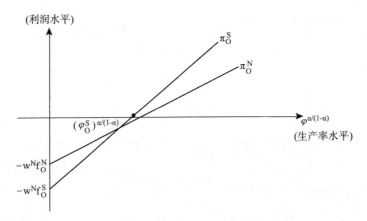

图 4 - 1　劳动密集型行业的均衡

资料来源：作者根据安特拉斯和赫尔普曼（2004）自制。

根据自由进入条件式（4.13）以及式（4.8）和式（4.10），可以得到：

$$w^N X^{(\mu-\alpha)/(1-\alpha)} = \frac{\phi_O^N(\theta)[V(\varphi_O^N) - V(\underline{\varphi})] + \phi_O^S(\theta)[1 - V(\varphi_O^N)]}{f_E + f_O^N[G(\varphi_O^N) - G(\underline{\varphi})] + f_O^S[1 - G(\varphi_O^N)]},$$

$$V(\varphi) = \int_0^\varphi y^{\alpha/(1-\alpha)} dG(y) \tag{4.15}$$

根据式（4.15）和式（4.14），可以解出这一门槛生产率条件。

结论：对于劳动密集型行业中的服务企业，生产率较高的企业从发展中国家离岸外包能够获得较高利润，会选择离岸外包的组织模式来获取中间投入品。

（2）资本密集型行业中企业组织模式的选择。在资本密集型行业中，$\beta^*(\theta) > \beta_F^S$，利润函数是 β_R 的增函数。核心服务的边际产出较高，对资本密集型产品投资不足的成本较高，企业会倾向于内部的一体化。由于 $\phi_F^S(\theta) > \phi_O^S(\theta)$，因此 π_F^S 要比 π_O^S 更陡峭。

根据图 4 - 2，生产率大于 $(\varphi_F^S)^{\alpha/(1-\alpha)}$ 的企业会选择在发展中国家通过 FDI 形式获取中间服务品；生产率大于 $(\varphi_O^S)^{\alpha/(1-\alpha)}$，小于 $(\varphi_F^S)^{\alpha/(1-\alpha)}$ 的企业会选择在发展中国家通过外包的形式获取中间服务品。同样可以得到两个门槛生产率：

$$\varphi_O^S = X^{(\mu-\alpha)/(1-\alpha)} \left[\frac{w^N f_O^S}{\phi_O^S(\theta)}\right]^{(1-\alpha)/\alpha}$$

$$\varphi_F^S = X^{(\mu-\alpha)/(1-\alpha)} \left[\frac{w^N(f_F^S - f_O^S)}{\phi_F^S(\theta) - \phi_O^S(\theta)}\right]^{(1-\alpha)/\alpha} \tag{4.16}$$

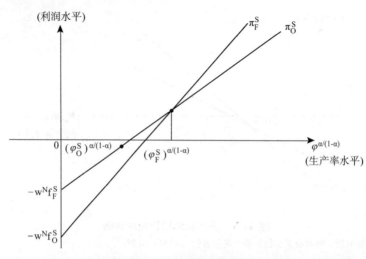

图4-2 资本密集型行业的均衡

资料来源：作者根据安特拉斯和赫尔普曼（2004）自制。

根据自由进入条件式（4.13）和式（4.16）同样可以得到两种门槛生产率的解。

结论：在资本密集型行业，生产率较高的企业选择在发展中国家以FDI的组织形式获取中间服务品；生产率较低的企业在发展中国家离岸外包中间投入品。

4.2.3 模型结论

第一，在契约不完全的情况下，基于对剩余所有权和不同组织形式固定组织成本的权衡，资本密集型行业和劳动密集型行业中的异质性服务企业对 FDI 或外包的选择不同。

第二，在契约不完全的情况下，核心服务密度的高低是决定剩余所有权比例的关键因素。资本密集型行业中最终产品的总部服务密集度高，为获得较高的剩余所有权，企业会采取 FDI 的生产组织模式。生产率水平最高的企业在发展中国家以 FDI 的形式获取中间服务品，生产率水平较低的企业将中间服务品离岸外包给发展中国家；而在劳动密集型行业中，最终产品的总部服务密集度较低，较低的剩余所有权可以使企业获得更大的收益，因此没有企业会选择 FDI 的组织形式，该行业中较高生产率的企业会选择在发展中国家采取离岸外包的方式获取中间服务品。

4.3 中国异质性服务企业国际生产组织模式选择的实证分析

4.3.1 中国企业一体化和服务外包的经营现状

我们要从微观层面研究服务企业国际生产组织模式的选择，即服务企业 FDI（垂直一体化）与外包的选择（垂直专业化）。然而由于直接统计数据的缺乏，我们利用中国 100 强跨国公司以及最大的服务业跨国公司的数据来分析中国企业（服务企业）全球一体化经营的现状。同时，中国目前主要扮演的是服务外包接包方的角色，中国服务企业在全球安排生产活动时，很少会选择离岸外包的生产组织模式，多以 FDI 的投资形式为主；另外中国目前已经是全球第二大服务外包承接国，也是全球服务业外资的主要东道国之一。本节主要从承接国的角度探讨中国服务业外包这种生产组织模式的发展现状。

1. 中国最大的跨国公司及跨国指数

2011 年，中国企业联合会首次在中国企业 500 强、中国制造业企业 500 强、中国服务业企业 500 强的基础上，参照联合国贸易和发展组织的标准计算产生了中国 100 大跨国公司及跨国指数。中国 100 大跨国公司是由拥有海外资产、海外营业收入、海外员工的非金融企业，依据企业海外资产总额的多少排序产生，另外，跨国指数＝（海外营业收入÷营业收入总额＋海外资产÷资产总额＋海外员工÷员工总数）÷3×100%。

2011 年中国 100 大跨国公司其 2010 年海外资产总额 32504 亿元，占总资产的 21.10%；实现海外收入 31011 亿元，占总营业收入的 14.82%；海外员工 32.9 万人，占员工总数量的 4.17%。2012 年中国 100 大跨国公司入围"门槛"比上年略提高了 1.13 亿元。2012 中国 100 大跨国公司共拥有海外资产 38220.52 亿元，占总资产的 13.73%，同比增长 17.59%；实现海外收入 43517.01 亿元，占总收入的 21.51%，同比增长 40.33%；海外员工 485480 人，占总员工数量的 3.55%，同比增长 16.93%。2013 中国 100 大跨国公司入围"门槛"为 14.91 亿元，比上年的 8.82 亿元提高了 6.09 亿元；2013 中国 100 大跨国公司共拥有海外资产 44869 亿元，同比增长 17.39%，占总资产的 14.61%，比上年提高 0.88 个百分点；实现海外收入 47796 亿元，同比增长 9.83%，占总收入的 22.25%，比上年提高 0.74 个百分点；海外员工 624209 人，同比增长 28.58%，占总员工数量的 5.05%，比上年提高 1.5 个百分点。

纵向来看，中国 100 大跨国公司的各项指标都有较大幅度的提高，但与世界 100 大跨国公司以及发展中国家 100 大跨国公司相比，还有很大的差距。2013 世界 100 大跨国公司的入围"门槛"高达 1916.4 亿元、2013 发展中国家 100 大跨国公司的入围"门槛"也达到 187.48 亿元。同时，2013 世界 100 大跨国公司平均海外资产占总资产的 59.95%、海外收入占总营业收入的 64.88%、海外员工占员工总数量的 58.34%；2013 发展中国家 100 大跨国公司平均海外资产占总资产的 27.40%、海外收入占总营业收入的 47.11%、海外员工占员工总数量的 39.23%。

从跨国指数来看，中国跨国公司的跨国指数还很低见表 4-1，与世界以及发展中国家的平均水平都还有很大差距。2011 中国 100 大跨国公司的跨国指数平均为 12.19%，远低于 2011 世界 100 大跨国公司跨国指数的平均值 60.78% 的，也远低于 2011 发展中国家 100 大跨国公司跨国指数的平均值 40.13%。2012 中国 100 大跨国公司平均跨国指数与 2011 年基本相同，仍然远低于世界和发展中国家的平均水平。浙江吉利控股集团有限公司、中国中化集团公司、中国远洋运输（集团）总公司、华为技术有限公司、中兴通讯股份有限公司、联想控股有限公司、TCL 集团股份有限公司、山东如意科技集团有限公司、深圳市中金岭南有色金属股份有限公司、中国海运（集团）总公司分别以 67.48%、56.20%、40.59%、40.12%、39.17%、37.98%、28.07%、27.70%、27.47%、26.91% 名列 2012 中国 100 大跨国公司跨国指数前十位。2012 中国 100 大跨国公司中，跨国指数大于 30% 的公司仅有 6 家，大于 20% 以上的公司，也只有 20 家。而跨国指数小于 10% 的企业多达 55 家。

表 4-1　　　　　2011~2013 年中国 100 强跨国公司各项指标均值

单位：万元、人、%

年份	海外资产	海外收入	海外员工	跨国指数
2011	3250449	3101051	4151.76	12.1942
2012	3822052	4351701	4854.8	12.1794
2013	4486873	4779553	6242.09	15.7224

资料来源：作者根据中国企业联合会发布的 2011 年、2012 年和 2013 年中国 100 强跨国公司和跨国指数计算所得。

　　2013 中国 100 大跨国公司的平均跨国指数上升至 15.72%，但仍与世界平均水平 61.06% 以及发展中国家平均水平 37.91% 有较大差距。图 4-3 很强烈的对比出中国 100 强跨国公司与世界 100 强以及发展中 100 强的差距，因此可以说明，现阶段我国大企业的跨国经营还处于初级阶段。

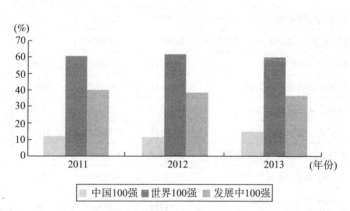

图 4-3　中国 100 强跨国公司跨国指数均值与世界和发展中 100 强的对比
资料来源：作者自制。

　　从行业分布看，结合 2013 年中国服务企业 500 强的数据，我们发现 2013 年中国 100 大跨国公司中服务业跨国公司（不包含建筑业和电力、燃气和水的供应业）共计 29 家，主要集中在地产、通信和运输等行业。表 4-2 展示了 2013 年中国 100 强跨国公司中的服务业跨国公司及跨国经营状况。从跨国指数来看，服务业跨国公司的跨国指数均值为16.72%，略高于全部 100 强跨国公司的跨国指数均值 15.72%，但相对世界 100 强和发展中 100 强跨国公司跨国指数均值的差距仍然很大，说明我国当前服务业大型跨国公司的跨国经营水平也处于初级水平。

表 4 – 2　2013 年中国 100 强跨国公司中的服务业跨国公司及跨国指数
（不包含电力、燃气和水的供应业以及建筑业）

单位：万元、人、%

排名	公司名称	2012 年 海外资产	2012 年 海外收入	2012 年 海外员工	跨国 指数
3	中国中信集团有限公司	29785207	6026889	55070	19.76
5	中国中化集团公司	19326724	36604899	9054	55.73
6	中国远洋运输（集团）总公司	18745556	12769869	4752	43.46
9	中国保利集团公司	8258611	1798733	7404	19.83
13	中国交通建设集团有限公司	6363121	4873732	4398	11.59
15	中国海运（集团）总公司	5983611	2553765	2172	25.81
17	中国联合网络通信集团有限公司	5595907	134000	259	3.44
22	国家电网公司	4053131	224053	2895	0.73
23	海航集团有限公司	4008218	774600	4199	7.48
29	中国中铁股份有限公司	3270811	2207582	4810	4.05
30	中国外运长航集团有限公司	3078070	752079	670	11.01
33	中国航空集团公司	2709013	3512204	2162	17.09
34	大连万达集团股份有限公司	2628750	1650000	18229	14.61
38	中国移动通信集团公司	2478620	462343	4591	1.59
45	中国通用技术（集团）控股有限责任公司	1341919	946309	552	6.85
46	广东粤海控股有限公司	1307889	56477	521	9.67
49	中国港中旅集团公司	1201250	422272	2506	10.56
51	中国中纺集团公司	1169947	1673900	3288	31.71
52	广东省广晟资产经营有限公司	1102941	504741	1355	10.70
57	中国电信集团公司	977737	418777	1958	1.04
60	中国大连国际经济技术合作集团有限公司	767773	319759	1195	60.89
61	广东省广新控股集团有限公司	759630	1678952	5267	23.29

续表

排名	公司名称	2012 年 海外资产	2012 年 海外收入	2012 年 海外员工	跨国 指数
67	中国节能环保集团公司	644411	91869	2687	5.77
71	广东省航运集团有限公司	501413	265412	1418	58.13
79	国家开发投资公司	412001	300348	912	1.97
85	重庆对外经贸（集团）有限公司	300607	369256	443	17.93
90	华侨城集团公司	229361	284772	311	3.40
92	山东高速集团有限公司	218527	116303	209	1.95
99	辽宁日林实业集团有限公司	150082	157607	1084	4.86
	均值	4392097.86	2825913.86	4978.31	16.72

资料来源：作者根据中国企业联合会发布的 2013 年中国 100 强跨国公司和跨国指数整理所得。

2. 中国服务业外包的发展现状

目前，中国企业参与全球价值链的广度和深度在不断提升，已经成为诸多行业全球价值链的重要一环。中国已成功地扩展到越来越多的以高科技出口为导向的经济活动中。中国高附加值服务贸易出口的增长以及在高技术全球价值链中生产能力的扩张，与积极地利用外资以及参与跨国公司的非股权合作安排是密切相关的，同时，中国企业积极承接服务外包业务也起到重要作用。

（1）全球服务外包市场格局。全球服务外包市场呈现出典型的"中心—外围"发展格局。服务外包需求主要来自发达国家，2012 年全球离岸服务外包规模 1217.2 亿美元，同比增长 18.6%，美国、日本以及欧洲等地提供了全球服务外包业务的 88% 的份额。其中美国离岸服务外包市场规模为 754.8 亿美元，同比增长 18.8%；日本离岸服务外包市场规模为 107 亿美元，同比增长 22.9%；欧洲离岸服务外包市场规模为 209 亿美元，同比增长 17.8%；而发展中国家拥有的市场份额非常少。[①]

从服务外包供给来看，全球服务外包承接国的数量迅速增加。其中既有发达国家也有发展中国家。澳大利亚、新西兰、爱尔兰以及加拿大

[①]　资料来源于国际数据公司（IDC），间接数据来源于中国服务外包研究中心编写的《中国服务外包发展报告 2013》。

等发达国家虽然国内已经形成了一定的产业规模和发展优势，但其拥有的市场份额逐步下降。而中国、印度等发展中国家拥有全球服务外包市场份额逐步上升，2012 年这一份额已经达到 85% 以上。发展中国家与发达国家相比其优势主要在于人力资源优势。表 4 – 3 列出 2010 年高德纳排名的全球前三十位承接 IT 外包国家，可以看出主要的服务外包承接国分布在全球各个大洲，并且大部分是发展中国家。

表 4 – 3 　　　　2010 年 Gartner 提出的排名前三十位 IT 外包国家

地区	国家
美洲	阿根廷、巴西、智利、哥伦比亚、哥斯达黎加、墨西哥、巴拿马和秘鲁
亚太地区	孟加拉国、中国、印度、印度尼西亚、马来西亚、菲律宾、斯里兰卡、泰国和越南
欧洲、中东地区和非洲	保加利亚、捷克共和国、埃及、匈牙利、毛里求斯、摩洛哥、波兰、罗马尼亚、俄罗斯、斯洛伐克、南非、土耳其和乌克兰

资料来源：Gartner 2010。

（2）中国承接离岸服务外包的现状。在新的发展时期，转方式、调结构是中国经济发展的重点方向。而服务外包产业具有调整经济结构、节能减排、快速拉动经济增长等特点。最近几年中国的服务外包行业快速发展，已经成为全球第二大服务外包承接国。近年来，经济危机导致全球经济处于低迷状态，但中国承接服务外包规模仍然出现大幅上涨、服务外包出口也逆势增长。2008 年中国承接离岸服务外包合同金额 58.4 亿美元，同比增长 83%。其中合同执行金额 46.9 亿美元，同比增长 192.6%。2009 年，中国承接离岸服务外包执行金额达 100.9 亿美元，同比增长 115.12%。离岸服务外包业务占全部服务外包业务的比例达到 72.9%。2010 年中国服务外包产业进一步高速发展，全年承接服务外包合同金额 274 亿美元，合同执行金额 198 亿美元，同比分别增长 37% 和 43.1%。其中承接离岸服务外包合同执行金额达 144.5 亿美元，同比增长 43.2%，占全球离岸服务外包市场份额为 16.9%。随着中国服务外包产业的发展，产生了很多实力强大的服务外包企业，2010 年承接离岸服务外包执行金额超过 1 亿美元的大企业就有 15 家，全国从事服务外包的企业数量达 12706 家，从业人员也达到 232.8 万人。2011 年，中国承接服务外包合同执行金额 323.9 亿美元，同比增长

63.6%。其中承接离岸服务外包合同执行金额达 238.3 亿美元，同比增长 64.9%，占全球离岸服务外包市场的份额达到 23.2%，比 2010 年进一步提高，并且已经成为全球第二大离岸服务外包承接国，仅次于印度。2012 年，在世界经济形势复杂多变和国内经济增长放缓的背景下，服务外包产业仍然获得快速发展，国际竞争力不断提高。2012 年全国新增服务外包企业 4220 家，服务外包企业总数达到 21159 家，从业人员 428.9 万人，比 2011 年新增就业 110.7 万人；全年签订服务外包合同金额 612.8 亿美元，同比增长 37%，执行金额 465.7 亿美元，同比增长 43.8%。其中，承接离岸服务外包合同金额 438.5 亿美元，同比增长 34.4%，执行金额 336.4 亿美元，同比增长 41.17%，占全球离岸服务外包市场的份额进一步达到 27.7%。① 表 4 - 4 列出 2008 ~ 2012 年中国服务外包市场以及离岸服务外包市场的发展趋势。

表 4 - 4　　　　　　　2008 ~ 2012 年中国服务外包发展状况

年份	服务外包企业（家）	从业人员（万人）	服务外包执行金额（亿美元）	增长率（%）	离岸外包执行金额（亿美元）	增长率（%）
2008	3301	52.7	66.9	219.48	46.9	192.60
2009	8950	154.7	138.4	106.88	100.9	115.12
2010	10598	232.8	197.0	43.10	144.5	43.21
2011	16939	318.2	323.9	63.60	238.3	64.90
2012	21159	428.9	465.7	43.80	336.4	41.17

　　资料来源：根据商务部、服务外包研究中心发布数据整理。

　　从服务外包示范城市发展来看。2006 ~ 2010 年，商务部先后批准了北京、天津、上海、重庆、大连、深圳、广州等 21 个城市为服务外包示范城市，成为我国服务外包产业发展的核心力量，其聚集和带动作用日益显现。截至 2012 年底，全国 21 个服务外包示范城市共有服务外包企业 14898 家，占全国总数的 70%，从业人员 312.8 万人，占全国总数的 72%。2012 年，21 个示范城市共承接离岸外包执行金额 305 亿美

---

　　①　数据主要来源于中国服务外包研究中心编写的《中国服务外包发展报告 2013》。

元,占比达90%。在示范城市的带动下,全国有更多城市积极地推动服务外包产业的发展,从而带来全国服务外包产业的繁盛。

(3) 离岸服务外包业务构成。在全球服务外包市场上,服务外包的业务构成已经呈现了三足鼎立的局面。虽然在一段时间内,ITO仍然占据半数以上的市场份额,但BPO和KPO业务占比逐渐扩大。IDC数据显示,2012年全球离岸服务外包市场规模1217.2亿美元,其中,ITO所占份额为53.3%;BPO所占份额为21.9%;KPO所占份额为24.8%。

对于中国的服务外包业务结构也呈现出相同的变化趋势。虽然ITO仍占据优势地位,但是BPO的份额在逐步提高。2010年我国承接服务外包执行金额197.9亿美元,其中ITO业务执行金额为111.6亿美元,占比56.4%,同比增长31.6%;BPO业务(包含KPO业务)执行金额86.3亿美元,占比43.6%,同比增长40.1%。BPO业务的增长速度超过传统的ITO业务。到2012年中国承接服务外包执行金额达465.7亿美元,其中ITO业务273.6亿美元,同比增长38.3%,占比达到58.8%;BPO业务70.8亿美元,同比增长45.3%,占比15.2%;KPO业务121.2亿美元,同比增长57%,占比26%。根据以上数据可以发现,虽然在整个服务外包业务结构中,ITO还占据一半以上的份额,但是增长速度确是三类业务中最慢的;而BPO和KPO的增长速度都很快,且份额都在逐步加大。

中国离岸服务外包业务结构也呈现出高级化的趋势。2008年,中国离岸服务外包执行金额46.9亿美元,其中ITO业务执行金额为32.1亿美元,占68.4%;BPO业务执行金额为10.6亿美元,占22.6%;KPO业务执行金额4.2亿美元,份额较小,只有9%。2009年离岸ITO业务依旧占据主导地位,占据全部离岸服务外包执行金额的59.3%,但相比2008这一份额有所下降。2010年中国离岸服务外包执行金额144.5亿美元,其中ITO执行金额91.7美元,占比63.5%;BPO执行金额29.3亿美元,占比20.3%;高端KPO执行金额为20.3亿美元,同比增长90%以上,市场比重快速上升,业务占比达14%。2012年中国承接离岸服务外包执行金额336.4亿美元。其中,离岸ITO业务执行金额为188.7亿美元,占比56.1%,主要包括软件研发、信息系统运营维护等;执行离岸BPO业务金额为52亿美元,占比15.5%,企业业务运营服务、企业业务流程设计服务以及企业供应链管理服务等业务占比接近80%；执行离岸 KPO 业务金额95.7 亿美元，占比28.4%，主要包括工业设计、产品技术研发、医药和生物技术研发以及测试等领域。[①]根据这几年的数据可见，传统的 ITO 业务占比基本呈逐渐下降趋势，而高端的 BPO 和 KPO 业务占比不断上升，同时增速也超过 ITO 业务。

4.3.2　不完全契约对服务外包影响的实证分析

根据理论分析的结论，在契约不完全的情况下，为降低契约不完全的成本，高生产率的企业实施 FDI，低生产率的企业实施离岸外包。对异质性跨国公司组织模式选择进行实证检验存在一定的困难。主要是因为目前缺乏中国服务企业垂直型 OFDI 的统计数据；同时，中国是服务外包的接包方，而中国企业作为发包方的业务量非常少，统计数据也很难获得。据此，在以中国服务企业为研究对象，讨论不完全契约下服务企业 FDI 与外包的选择，得不到有效数据的支撑。第 3 章中已经分析和验证了中国服务业分行业企业对外 FDI 的决定因素，因此在本节的实证分析中，我们主要从承接国的角度考察不完全契约对服务外包承接的影响，这可以间接反映国外发包企业的选择。为了体现中国各地区契约不完全程度的差异，我们以中国省际面板数据进行实证分析，涉及的省市主要以中国 21 个服务外包示范城市所在 17 个省市（包括北京、天津、辽宁、黑龙江、上海、江苏、浙江、安徽、福建、江西、山东、湖北、湖南、广东、四川、重庆、陕西）以及河北、内蒙古和吉林三个省份虽没有服务外包示范城市，但其软件外包服务出口规模相对较大。另外根据数据统计口径的一致性和可获得性，我们选取 2006～2011 年的样本区间，总样本数为 120 个。

1. 变量说明

我们采用中国各省市软件外包服务出口收入来表示对中国各地区离岸服务外包承接规模这一变量。在中国承接的离岸服务外包业务中，ITO 约占 60%。[②]《中国电子信息产业统计年鉴》中关于软件服务的统

---

① 资料主要来源于中国服务外包研究中心编写的《中国服务外包发展报告 2013》。

② IT 常见服务外包形式大体有系统运营、网络设计/开发和管理、应用系统设计/开发和维护、数据中心托管、安全服务、IT 培训、系统集成、信息技术顾问、业务管理过程、用户支持等。

计，除了包含各种软件产品外，还包括信息系统集成服务、信息系统咨询服务、数据处理和运营服务、嵌入式系统软件以及 IC 设计等服务内容。因此在一定程度上，可以采用软件外包服务出口收入表示我国承接的离岸外包规模，用 OutS 表示。

不完全契约会影响企业的剩余所有权，从而对跨国公司的行为产生重要影响。契约不完全的程度越高，企业为获得剩余所有权，更倾向采取一体化的组织模式；契约不完全的程度越低，企业越倾向选择外包的组织模式。在开放经济条件下，虽然中国国内各省（自治区、直辖市）都在统一的法律框架下执行契约，但不同地区的经济发展水平、地理文化以及领导执行力等各方面都存在差异，因此跨国公司在不同省份具有不同的契约执行成本。[①] 本节以东道国各地区不同的契约执行成本表示契约不完全程度，契约不完全程度用 Contract 表示。

另外，中国承接的服务外包其中有一部分是由大型服务外包公司在中国投资建立的子公司（分公司）承接的，因此中国引进的外商直接投资会对服务外包的承接规模产生影响。这一变量我们用中国各省市引进 FDI 的规模表示，记为 FDI。

除了契约不完全程度和引进 FDI 的规模会对各地承接服务外包的规模产生影响外，为稳健起见，在计量模型中还要加入其他控制变量。主要包括：服务经济发展水平 SVAL，可以用服务业增加值表示，或者用服务增加值占 GDP 比重表示。平均工资 AW，用各地区城镇单位职工平均工资表示。低成本优势是发达国家跨国公司向发展中国家转移服务业务的重要原因之一，对服务外包的发包企业来讲，承接地的劳动力成本是其必须考虑的因素之一。人力资本 HC，用各地每十万人口高等学校（包括普通高等学校和成人高等学校的本科和专科学生）人数来表示人力资本禀赋。

综上所述，我们将所讨论的影响服务外包的变量以及被解释变量列在表 4-5 中，并预期各个变量与被解释变量之间的相关关系。

---

① 世界银行发布的《2008 中国营商环境报告》基于对法律法规的搜集，经过对 1000 余名政府官员、律师和其他从事日常法律法规的管理和咨询服务的专业认识的问卷调查和验证，建立了各省会和直辖市的/营商环境 0 指标数据库。该报告收集采用相同的标准条件假设，收集过程透明且易于复制，所以该数据具有较高的可靠性和可比较性。报告中指出，尽管中国的法律是全国性的，但是各地法院在强制执行契约方面的差别很大。在东南沿海地区，审理普通的商业纠纷案件平均耗时 230 天，而在东北地区需要 362 天，地方法院体系的执行力和透明度等在不同地区存在明显差异。

表 4 – 5　　　　　　　　　　　变量描述与预期符号

变量性质	变量	表示形式	变量描述与数据来源	资料来源	预期
被解释变量	各地区服务外包承接规模	OUTS	中国承接的离岸外包主要是信息服务外包，可以近似采用软件外包服务出口收入指标来表示。	《中国电子信息产业统计年鉴》各期	无
主要解释变量	外商直接投资规模	FDI	中国承接的服务外包业务在一定程度上是跨国公司在中国设立子公司开展的业务，因此各地区引进的 FDI 规模与外包之间应该存在正相关关系。	《中国统计年鉴》各期	+
主要解释变量	契约不完全程度	CONT	中国各地区的契约执行成本是不同的，契约执行成本越高的地区，表示其契约不完全程度越高，则企业更倾向于选择一体化的组织模式，而不选择外包的组织模式。	世界银行《2008中国营商环境报告》	–
控制变量	各地区服务业增加值	SVAL	各地区服务业发展水平会影响该地区承接服务外包的能力，因此当地区服务经济规模较高时，其承接的服务外包规模也较大。主要用各地区第三产业增加值和第三产业增加值占GDP 比重表示。	《中国统计年鉴》各期	+
控制变量	各地区平均工资	WA	寻求低成本是企业外包的主要动因，中国各地区的平均工资存在差异，工资越高的地区越不利于服务外包的承接。	《中国统计年鉴》各期	–
控制变量	各地区人力资本	HC	服务外包行业主要是人力资本密集型行业，地区人力资本禀赋越丰富，其承接服务外包的能力越强。	《中国统计年鉴》各期	+

资料来源：作者整理。

2. 模型设定

根据理论分析以及变量设定，我们可以建立如下的计量模型，为消除异方差的影响，对所有变量数据取对数：

$$\ln OUTS_{i,t} = \beta_0 + \beta_1 \ln FDI_{i,t} + \beta_2 \ln CONT_{i,t} + \beta_3 \ln SVAL_{i,t} +$$
$$\beta_4 \ln WA_{i,t} + \beta_5 \ln HC_{i,t} + \varepsilon_{i,t} \tag{4.17}$$

其中，i 表示地区（省、自治区和直辖市），t 表示时间，$\varepsilon_{i,t}$ 表示随机扰动项。

3. 实证检验

（1）描述性统计。表 4 – 6 描述了实证分析中所涉及的各个变量的统计信息。

表 4 – 6　　　　　　　　　　相关变量的描述性统计结果

	OUTS （万美元）	FDI （亿美元）	CONTR （%）	SVAL （%）	WA （元）	HC （人）
均值	17619. 17	1074. 767	20. 03500	40. 59750	31855. 45	2617. 025
最大值	269747. 0	5729. 000	41. 80000	76. 10000	75591. 00	6897. 000
最小值	10. 00000	93. 00000	9. 000000	30. 90000	15590. 00	1351. 000
标准差	38970. 98	1256. 318	9. 468813	9. 219111	12102. 42	1171. 213
偏度	3. 991308	1. 786727	0. 719559	2. 506375	1. 376573	2. 028618
峰度	21. 41958	5. 379880	2. 457960	9. 252428	5. 213356	6. 928568
总和	2061443	128972. 0	2404. 200	4871. 700	3822654	314043. 0
样本数	117	120	120	120	120	120

资料来源：作者根据统计结果整理。

（2）相关性分析。首先，我们对总体样本数据进行相关性分析，得到变量间的相关系数（见表 4 – 7）。从表中可以看出，契约不完全程度与服务外包规模的相关系数为负，以及 FDI 与外包的相关系数为正，主要解释变量与被解释变量间的相关系数与理论预期相一致；其他控制变量与被解释变量的相关系数除平均工资外，其他两个都与理论预期相一致。接下来我们要通过面板回归的方法来进一步分析解释变量和相关控制变量对被解释变量的影响。

表 4 – 7　　　　　　　　　　变量间的相关系数

	OUTS	FDI	CONTR	SVAL	WA	HC
OUTS	1					
FDI	0. 3762	1				
CONTR	– 0. 1449	– 0. 5014	1			

	OUTS	FDI	CONTR	SVAL	WA	HC
SVAL	0.3316	0.3065	− 0.4422	1		
WA	0.4685	0.4525	− 0.4489	0.7295	1	
HC	0.2507	0.14189	− 0.4269	0.8236	0.6812	1

资料来源：作者根据统计结果整理。

（3）面板回归结果。我们首先对面板数据进行混合最小二乘回归，结果汇报在表 4 - 8 的模型 1 ~ 模型 3 中。在模型 1 中，我们首先考察主要解释变量——各地区引进 FDI 规模和契约不完全程度对服务外包规模的影响，从回归结果中可以看出，两个解释变量的系数符号与理论预期是一致的。FDI 的系数在 1% 的显著性水平上强烈为正，说明各个地区引进 FDI 的规模对地区承接服务外包规模有促进作用，这在一定程度上可以说明各个地区承接的服务外包业务有一部分是由跨国公司的分支结构或子公司承接的；CONTR 的系数为负，但是不显著，这说明在契约不完全程度越高的地区其承接的服务外包规模越小，与理论预期的结果一致。模型 1 只是对主要解释变量进行回归的结果，由于 CONTR 的系数不显著，且模型的可决系数 R^2 较小，因此模型可能存在遗漏变量，我们在模型 2 和模型 3 中加入其他控制变量进行回归。模型 2 和模型 3 的区别在于地区服务业发展水平这一变量，模型 2 采用第三产业增加值占 GDP 比重表示，模型 3 中这一变量用服务业增加值表示。除了地区服务经济发展水平这一变量，两个模型中的其他变量和回归结果基本一致。契约不完全程度变量在两个模型中都显著为正；FDI 变量的系数在模型 2 中显著为正，而在模型三中仍然为正但是不显著；地区平均工资对承接服务外包规模的影响在两个模型中的结果与理论预期相反；人力资本禀赋在两个模型中都显著为正，即人力资本越丰富的地区越具有承接服务外包的优势；而服务业增加值对地区承接服务外包有明显的促进作用，但是服务业增加值占 GDP 比重这一变量的结果不显著且符号为负，这意味着影响地区承接服务外包规模的因素是各个地区服务业发展的绝对水平。

　　面板数据混合回归的假设是不存在个体效应，对于这个假设必须进行统计检验。由于个体效应以两种不同形态存在，即固定效应和随机效应。接下来我们对模型进行固定效应和随机效应分析，并利用豪斯曼检验确定模型形式。模型 4 和模型 5 汇报了随机效应模型回归结果，模型选择的检验结果也随之汇报，两个模型的豪斯曼检验结果都接受原假设，应该采用随机效应模型，同时 BP - LM 检验也证实随机效应模型好于混合回归模型。模型 4 和模型 5 的回归结果显示契约不完全程度变量的符号仍为负，但是不显著；工资变量的符号为正，显著性不确定。进一步我们发现，本节实证分析的面板数据属于大 N 小 T 的短面板，扰动项可能存在异方差问题，而广义可行最小二乘法（FGLS）可有效解决异方差问题。模型 6 汇报了 FGLS 估计结果。根据模型 2 和模型 4 的结果，当采用服务增加值占 GDP 比重表示地区服务业发展水平时，其影响系数为负，与理论预期不符。因此在进行 FGLS 估计时，我们直接采用服务业增加值这一变量。模型 6 的结果显示各个变量的回归系数与理论预期完全一致，契约不完全程度与平均工资为负，其他变量系数为正。并且大多数变量的系数都通过显著性检验。根据模型 6 我们进一步对回归结果进行解释。

116

表 4 - 8　　　　　　　　　　　　面板回归结果

解释变量	模型 1（混合 OLS）	模型 2（混合 OLS）	模型 3（混合 OLS）	模型 4（RE）	模型 5（RE）	模型 6（FGLS）
FDI	1. 498056 *** (0. 2218377)	0. 8896554 *** (0. 2598175)	0. 3465338 (0. 2870339)	0. 9378257 ** (0. 4455562)	0. 5171386 (0. 4696576)	0. 6234628 *** (0. 1797283)
CONTR	- 1. 04031 (0. 6572141)	- 2. 004607 *** (0. 6417599)	- 1. 634782 *** (0. 6426088)	- 1. 814159 (1. 217091)	- 1. 2576 (1. 238144)	- 0. 181163 (0. 4377631)
SVAL1	— —	- 1. 908833 (1. 373959)	— —	- 1. 343814 (1. 72587)		
SVAL2			1. 472531 *** (0. 514809)	— —	1. 465756 * (0. 8830067)	1. 86707 *** (0. 2301894)
WA	— —	1. 73617 *** (0. 6035431)	0. 1845122 (0. 7833775)	2. 175216 *** (0. 5465277)	0. 5636081 (1. 140635)	- 0. 7082592 * (0. 3969908)
HC	— —	1. 97602 *** (0. 7188311)	2. 34229 *** (0. 6625997)	1. 30112 (1. 090668)	1. 863456 * (1. 110952)	2. 545989 *** (0. 4624366)
C	- 9. 989357 (6. 439927)	- 17. 91741 *** (6. 054457)	- 31. 66351 *** (7. 675045)	- 20. 22944 * (11. 14843)	- 35. 78106 *** (13. 77002)	- 44. 57819 *** (4. 98573)
R^2	0. 45460	0. 5625	0. 5849	0. 3780	0. 3828	—

续表

解释 变量	模型 1 （混合 OLS）	模型 2 （混合 OLS）	模型 3 （混合 OLS）	模型 4 （RE）	模型 5 （RE）	模型 6 （FGLS）
调整的 R^2	0.4452	0.5434	0.5667	—	—	—
F 统计量	48.75***	29.32***	32.13***	—	—	—
Wald	—	—	—	88.06***	92.82***	520.06***
BP – LM	—	—	—	59.04***	51.95***	—
Hausman 检验	—	—	—	1.63 (0.8027)	3.16 (0.5309)	—
序列相关 检验	—	—	—	63.46***	55.34***	—
样本数	120	120	120	120	120	120

注：***、**、* 分别表示在 1%、5%、10% 的显著性水平上显著。
资料来源：作者根据回归结果整理。

FDI 变量对地区承接服务外包的影响显著为正，说明服务外包和 FDI 之间并不是非此即彼的关系，两者之间存在正相关关系。一个地区引进的 FDI 规模越大，其承接的服务外包规模也越大，大多数模型的回归结果都支持这种观点。即跨国公司开展的离岸外包业务在一定程度上由其他跨国公司的子公司承接。

CONTR 的系数不显著的为负，并且在 6 个模型中的符号呈现一致性为负，模型 2 和模型 3 的混合回归系数显著为负。因此基本上可以认定地区契约不完全程度对承接服务外包规模有抑制作用，更进一步地讲，契约不完全程度会影响企业组织模式的选择：契约不完全程度越高时，企业会更倾向选择 FDI 的组织模式，而较少选择专业化（外包）的组织模式；契约不完全程度越低时，更多的企业选择外包的组织模式，即契约不完全程度越高的地区承接的服务外包规模越大。

SVAL 变量的系数显著为正，说明地区服务经济发展水平越高，其服务业基础设施越完善，越有利于承接服务外包。另外，地区产业结构这一变量的回归结果不显著，这进一步说明跨国公司在选择服务外包中间投入品时，会选择服务业发展程度高的东道国地区，而不是考虑东道国地区的产业结构。

WA 变量的系数在 10% 的显著性水平上为负，即地区职工的平均工资越高，服务外包的承接规模越小，这与跨国公司选择发展中国家开展离岸外包业务的动机是一致的。发展中国家的比较优势一定程度上还体现在于低成本优势上，承接国地区的平均工资越低越有利于承接服务外包。但是在模型2和模型4中这一变量的系数是显著为正的，模型3和模型5中虽不显著但也为正，这说明各个地区平均工资的高低并不是承接服务外包的最主要影响因素。按照理论预期，发达国家跨国公司向发展中国家发包主要基于发展中国家的低成本优势，但是从中国内部地区差异来看，工资差异相对较小且影响会减弱，由此可以解释这一变量在不同模型中表现出的差异。

HC人力资本禀赋变量在多数模型中都显著为正，说明这人力资本禀赋变量是促进各个地区承接服务外包的重要原因，这与全球服务外包发展的现状也是相吻合的。服务外包行业主要是人力资本密集型行业，因此承接国或地区的人力资源越丰富其承接的服务外包规模越大。

4.3.3 实证分析结论

根据上面的实证分析，我们从中国各个地区承接服务外包规模侧面反映影响企业组织模式选择的主要因素，考察在契约不完全条件下，企业组织模式的选择。根据实证分析的结果可以得到如下结论：

第一，契约不完全程度会影响企业组织模式的选择。在契约不完全程度较高的情况下，企业基于对剩余所有权的控制，其更倾向于选择垂直一体化（FDI）的组织模式；在契约不完全程度较低的情况下，企业更倾向于选择垂直专业化（外包）的组织模式。从中国作为一个发展中承接国的角度来看，承接国内部各个地区的契约执行成本影响地区承接服务外包的规模，契约不完全程度与承接服务外包规模呈负相关关系。契约执行成本越低的地区承接的服务外包规模越大，即跨国公司更倾向选择服务外包的组织模式。

第二，对外直接投资和外包之间不是非此即彼的关系。按照理论分析的结果同一个跨国公司不会同时在发展中国家选择两种组织模式，但是世界上的跨国公司很多业务是交叉的。发展中国家如中国内部各个地区引进的FDI越多，其承接的服务外包规模也越大，FDI的引进对服务外包有促进作用。这意味着在东道国内跨国公司的子公司或分支机构是承接服务外包的一个主体。

第三，地区服务经济发展水平和人力资本禀赋是吸引服务外包的重要因素；而平均工资水平对服务外包的影响不确定。承接国地区服务业发展程度越高、人力资本越丰富，越有利于承接服务外包。工资水平对承接服务外包的影响主要体现在承接国和发包国的工资差距上，承接国内部各地区工资差距的影响不明显。

4.4　本　章　小　结

本章主要从理论和实证的角度分析了异质性服务企业垂直一体化（服务业 FDI）和垂直专业化（服务外包）的选择。理论研究部分，在综合和扩展前人研究的基础上，将异质性扩展到服务业领域。理论分析以安特拉斯和赫尔普曼（Antras and Helpman，2004）为基础，简化了模型中关于国内一体化、国际一体化、国内外包和国际外包的选择，将研究视角放在异质性服务企业 FDI 与离岸外包的选择上。得出的结论与基础模型基本一致：在契约不完全的情况下，高生产率的企业选择垂直一体化（FDI）的组织模式；而生产率较低的企业选择垂直专业化的组织模式（离岸外包）。同时，在契约不完全的情况下，核心服务密度的高低是决定剩余所有权的利润最大化的比例关键因素。资本密集型行业，服务企业会采取一体化的组织模式。生产率水平最高的企业在发展中国家开展 FDI，生产率水平较低的企业在发展中国家实施离岸外包；而在劳动密集型行业中，没有企业会选择 FDI 的组织形式，该行业中较高生产率的企业会选择在发展中国家采取离岸外包的方式组织中间投入服务的生产。

在实证分析部分，我们利用中国各地区承接服务外包规模的不同，以及各地区契约不完全程度的不同，侧面检验不完全契约下，异质性服务业跨国公司对服务外包组织模式的选择。分析在中国各地区契约执行成本不同对外包成承接规模的影响，反映契约不完全情况下企业组织模式选择的影响因素。按照中国服务外包示范城市所在省市以及服务外包统计较完善的地区共 20 个地区样本面板数据，以各地区契约执行成本和引进 FDI 规模为主要解释变量，地区服务经济发展水平、平均工资和人力资本为控制变量进行估计，结果显示契约不完全程度会影响企业组织模式的选择。契约不完全程度与承接服务外包规模呈负相关关系。契约执行成本越低的地区承接的服务外包规模越大，即跨国公司更倾向选择服务外包的组织模式；承接国内部各个地区引进的 FDI 越多，其承接的服务外包规模也越大，FDI 的引进对服务外包有促进作用。这意味着在东道国内跨国公司的子公司或分支机构是承接服务外包的一个主体；地区服务经济发展水平和人力资本禀赋是吸引服务外包的重要因素；而平均工资对服务外包的影响是不确定的。

第5章 异质性服务企业 FDI 进入模式的选择：绿地投资与跨国并购

5.1 引　言

在异质性企业贸易理论的框架内，讨论异质性服务企业 FDI 进入模式的选择，是对理论的扩展以及对文献的传承。本章主要是在异质性企业贸易理论的框架内，分析当异质性服务企业决定以 FDI 的方式参与国际市场时，如何在 FDI 的两种进入模式——绿地投资（Greenfield Investment）和跨国并购（Cross－border Merger & Acquisitions，M&A）之间进行选择。绿地投资和跨国并购是 FDI 的两种主要进入模式，绿地投资和跨国并购对母国和东道国会产生不同的影响。服务业对外直接投资同样面临绿地投资与跨国并购的抉择。① 本节分析的思路和内容包括：在现有模型的基础上，对现有模型进行修正，建立适用于分析异质性服务企业绿地投资与跨国并购选择的理论框架，并推导出服务企业选择的主要结论；然后根据理论分析的结果，结合我国服务业对外直接投资的现实以及全球服务业绿地投资与跨国并购的现实，通过定量分析得出不同行业中企业绿地投资与跨国并购的选择。

---

① 绿地投资是指投资者投入资金或其他生产要素在东道国设立新的企业，从而形成新的生产能力，不需要考虑东道国的相应产业市场原来是否存在着一定的生产能力，新建企业既可以是独资，也可以是合资或合作企业。跨国并购是跨国兼并和跨国收购的总称。联合国贸发会议（UNCTAD）将企业跨国并购定义为：外国企业合并境内企业或者收购境内企业的股权达 10% 以上，使境内企业的资产和经营的控制权转移到外国企业的投资行为。

5.2　异质性服务企业绿地投资与跨国并购：
　　　理论模型的扩展

　　本节的模型建立在诺科和耶普尔（Nocke and Yeaple，2007）的一般均衡理论框架的基础上，分析异质性服务企业在决定以 FDI 的形式进入国际市场时，会采取什么样的进入方式，绿地投资还是跨国并购？在诺科和耶普尔（Nocke and Yeaple，2007）的研究中，企业的异质性尤其是企业能力（Capability）的流动性差异在决定企业的国际市场进入模式（出口、绿地投资以及跨国并购）中起决定性作用，而且不同行业中企业能力的流动性也不同，在研发和技术密集型行业中，企业的核心能力是技术和知识，这种能力可以在国际间转移；在广告营销密集型行业中，企业的核心能力是营销经验，这种能力不能在国际间转移。因此，不同行业中异质性企业对绿地投资和跨国并购的选择不同。同时模型得出绿地投资的形式对于母国经济发展更有利，而跨国并购对东道国经济发展更有利。

　　本节模型与诺科和耶普尔（Nocke and Yeaple，2007）的区别在于：第一，我们将研究视角扩展到服务领域，关注服务企业在 FDI 时对跨国并购与绿地投资的选择；第二，在诺科和耶普尔（Nocke and Yeaple，2007）的研究中，他们继承了梅里兹（Melitz，2003）以及赫尔普曼等（Helpman et al.，2004）的研究，对企业不出口、出口、绿地投资与跨国并购的选择进行研究。而在本节的模型我们专注于异质性服务企业绿地投资和跨国并购的选择，抛弃诺科和耶普尔（Nocke and Yeaple，2007）中关于国内并购和跨国并购的划分，也排除企业对不出口、出口、绿地投资和跨国并购的多重选择。

5.2.1　基本假设

　　根据诺科和耶普尔（Nocke and Yeaple，2007）的研究，假定有两个同质的国家 M 和 N，Y 表示每一国的总收入水平，劳动是唯一的生产要素，由于两国是同质的，因此劳动的价格（工资）可以标准化为 1。每个国家都存在两个不同的行业部门 A 和 B，生产不同门类的产品，也分别用 A 和 B 表示。

假定存在一系列能力有差异的企业。有些企业能力例如技术和组织能力等可以在国际间转移和流动，称之为可流动能力（Mobile Capability）；而有些企业能力如对当地市场行情或市场偏好的掌握，以及与当地经销商和购买者建立的合作关系等不大可能在国际间转移和流动，称之为不可流动能力（Non‑Mobile Capability）。不可流动能力的典型特征是这种能力是某一个国家"原产的"或是某个国家的"惯例"，这意味着不可流动能力在原产国比在其他国家具有更高的效率。另外假设企业的生产技术效能可以在国际间转移的，因此无论生产活动在哪国进行都是可行的。

假设每个行业中的企业都只具备可流动能力或不可流动能力。在行业 A 中，企业的异质性体现在可流动能力上；在行业 B 中，企业的异质性体现在不可流动能力上。同时与赫尔普曼等（Helpman et al. , 2004）相同，都假定外部交易成本很高，因此所有的生产和营销活动都在企业内部进行。每一个企业都拥有专门的可流动能力和不可流动能力，而不存在知识外溢和传播。对任何一个企业来讲，供给国内市场通常都采取国内生产的方式；供应国外市场都采取出口或 FDI 的方式。在本节的模型中我们主要关注的是企业绿地投资和跨国并购的选择，因此我们假设企业已经选择了 FDI 的方式供给国外市场。在进行绿地投资时，由于是在国外建立新的分支机构，因此企业所拥有的可流动能力和不可流动能力与本国相同；在进行跨国并购时，由于是通过兼并或收购国外的同行企业，因此国外分支企业的可流动能力会选择两者中效率最高的，而不可流动能力则选择被并购企业的本国优势能力。简单地说，这两种选择方式的最关键不同就在于，绿地投资的方式不能获取东道国本地的不可流动能力，而并购东道国企业的方式可以获取当地的这种不可流动能力。

每个企业都面临向右下方倾斜的需求曲线，假定企业可以安排各自的价格和产量，并允许企业在不同市场实行价格歧视，因此企业会在两个国家设定不同的价格或产量。

5.2.2　模型分析

1. 消费

假定消费者对两种门类 A 和 B 下的差别产品的偏好是 C‑D 效用函

数形式；而对每一门类下差别产品的偏好是 CES 效用函数形式。消费者将其总收入比例 β_i 用于消费行业 i 生产的差异产品，$i \in \{A, B\}$。则消费者对每一门类下的差别产品的效用函数（CES）可以写成：

$$U_i = \left[\int_0^n q(\omega)^{1-\alpha_i} x(\omega)^{\alpha_i} d\omega \right]^{1/\alpha_i}, \quad \alpha_i = \frac{\varepsilon_i - 1}{\varepsilon_i}, \quad \varepsilon_i > 1 \quad (5.1)$$

其中，这里的 n 表示一国可利用的商品类别的数量，$q(\omega)$ 和 $x(\omega)$ 分别表示对 ω 类商品的消费质量和消费数量。这些商品之间是可以相互替代的，两种商品间的替代弹性为 $\varepsilon_i > 1$，$0 < \alpha < 1$。

根据消费者的效用最大化决策，可以得到 M 国任一类产品 i 的需求为：

$$x^M(\omega) = \beta_i Y (P_i^M)^{\varepsilon_i - 1} q^M(\omega) p^M(\omega)^{-\varepsilon_i} \quad (5.2)$$

这里的 $p^M(\omega)$ 是 M 国 ω 类商品的价格，而 $P_i^M = \left[\int_0^n q^M(\omega) p^M(\omega)^{1-\varepsilon_i} d\omega \right]^{1/1-\varepsilon_i}$ 表示 M 国商品 i 的总价格指数，因为国家是同质的，因此 $P_i^M = P_i^N = P_i$。

2. 生产

企业的可移动能力（用 ϖ 表示）和企业生产的边际成本 [用 $c(\varpi)$ 表示] 之间存在一种反向关系：

$$c(\varpi) = \frac{1}{\varpi}, \quad \text{如果 } \varpi > 0 \quad (5.3)$$

每个企业所拥有的市场营销专业能力（不可流动能力）是不同的，营销能力越强，市场对其产品的感知质量越高。假设企业所拥有的不可流动能力 η^M 来源于国家 M，则在 M 国生产的产品感知质量 $q^M = \eta^M$；而如果企业利用 M 国的不可流动能力服务 N 国市场，则在 N 国可获得的感知质量为 $q^N = \delta_i \eta^M$，且 $\delta_i \in (0, 1)$ 表示利用 M 国不可流动能力在 N 国生产时的劣势（感知质量损失）。莫林等（Maurin et al., 2002）的实证研究也证实当地企业比外国企业在当地市场在市场营销方面更具优势。

假定市场中存在一系列的潜在进入者，如果要进入母国市场 M，必须承担固定的进入成本 $F_{E,i}$，并随机获得两种能力，可流动能力为 ϖ，服从分布函数为 H_i；不可流动能力为 η^M，分布函数为 G_i。进入 M 国的企业不能获得 N 国所特有的不可流动能力，$\eta^N = 0(M \neq N)$。因此可以理解为母国的企业具有获取当地不可流动能力的优势。而我们也可以用 (ϖ, η) 来表示一个进入企业的具体类型。另外假定 M 国企业已经决定要在 N 国进行 FDI，如果选择以绿地投资的方式进入 N 国，则意味着企业要利用 M 国的不可流动能力在 N 国生产并供应 N 国市场，则企业面临一种固定的调整成本 $F_{C,i}$，也可称之为额外的管理成本。如果企业选择跨国并购的方式进入 N 国市场，则需要支付一个兼并的购买成本，用企业的总股票价值 $V_i(\varpi, \eta)$ 表示，它表示可流动能力为 ϖ 同时不可流动能力为 η 的企业的并购价格。潜在进入者可以以 $V_i(\varpi, \eta)$ 的价格出售自身，也可以这样的价格并购其他企业；还可以 $V_i(\varpi', \eta')$ 这样的价格跨国并购他国企业。在兼并多家企业以后，实施兼并企业的可流动能力和不可流动能力都多元化了，但是企业会选择其中最优的可流动能力，同时选择最有效的不可流动能力服务各国市场。

用 $c_i^M(\omega)$ 表示在 M 国销售 ω 类产品的边际成本，企业可以在不同市场采取差别定价，为获取最大利润，每个企业都会采取固定的价格加成定价，$p^M(\omega) = c_i^M(\omega)/\alpha_i$，因此企业在 M 国销售 ω 类产品的总利润为：

$$\pi_\omega^M = D_i q^M(\omega)(c_i^M(\omega))^{1-\varepsilon_i} \tag{5.4}$$

这里的加成调整需求水平 $D_i = \dfrac{\beta_i Y}{\varepsilon_i(\alpha_i P_i)^{1-\varepsilon_i}}$。那么根据总利润表达式，可以确定企业在 M 国获取的利润取决于企业的可流动能力 ϖ，以及企业产品在 M 国的感知质量 $q^M(\omega)$（即取决于企业服务于 M 国市场所利用的不可流动能力）。如果企业在 M 国生产，但是利用的是 N 国的不可流动能力，则总利润为 $D_i \delta_i \eta^N \varpi$；如果企业在 M 国生产，利用 M 国的不可流动能力，则总利润为 $D_i \eta^M \varpi$。

3. 均衡的分析

如果企业选择在不可流动能力最优的国家进行生产，通过绿地投资的方式服务他国市场，其能够获得的利润函数为：

$$\pi_g = (1+\delta)D\varpi\eta - F_C, \quad \eta = \max(\eta^M, \eta^N) \tag{5.5}$$

如果企业选择跨国并购，购买一个 (ϖ', η') 类型的国外进入者，从而获得他国专有的不可流动能力，那么其能够获取的利润函数为：

$$\pi_a = D\varpi(\eta + \eta') - V_i(\varpi', \eta') \tag{5.6}$$

这里 $V_i(\varpi', \eta')$ 表示被并购目标的股票价格，因为企业选择跨国并购是为了利用被购买企业的不可流动能力，而不会利用其可流动能力，因此必须满足 $V_i(\varpi', \eta') = V_i(0, \eta')$，企业选择并购 $V_i(0, \eta')$ 类型的企业能够节约更多资本，从而获取更多利润。而且目标企业的不可流动能力必须满足 $\eta' = \arg \max_{\eta} D\varpi(\eta + \eta') - V_i(0, \eta')$，这里 η' 的解跟 η 无关，但是却取决于 ϖ，前提是目标企业能够接受被收购价格 $V_i(\varpi', \eta')$。

假设企业的异质性来源于企业的可流动能力 ϖ，与企业的不可流动能力 η 无关。根据跨国并购的利润函数 π_a，在 η 不变的条件下 $V_i(\varpi', \eta') = V_i(0, \eta')$ 保持不变，因此跨国并购的利润 π_a 随可流动能力 ϖ 增加而增长的速度超过绿地投资的利润 π_g 的增速。在此情形下，可流动能力足够大的企业会选择跨国并购的方式开展 FDI。

假设企业的异质性来源于企业的不可流动能力 η，而与企业的可流动能力 ϖ 无关。那么不可流动能力 η 足够大的企业不会选择跨国并购的方式。因为跨国并购的利润 π_a 随不可流动能力 η 增加而增长的速度低于绿地投资的利润 π_g 的增速。即在这种情形下，生产率较高的企业会选择绿地投资，而生产率较低的企业选择跨国并购。

出现这两种相反结果的原因是，可流动能力 ϖ 的提高能够提高每个国家企业的利润；而不可流动能力 η 的增加只能提高参与跨国并购的一个国家的企业利润。因此，企业异质性的来源是决定企业绿地投资与跨国并购选择的关键因素。前面已经假定，A 行业中企业异质性来源于可流动能力，这样的行业属于知识和研发技术密集型行业；B 行业中企业异质性来源于不可流动能力，这样的行业多属于人力资本密集型以及广告营销密集型行业。

企业自由进入的零利润条件为：

$$\int_0^\infty \int_0^\infty V_i(\varpi, \eta) dH_i(\varpi) dG_i(\eta) - F_{E,i} = 0 \qquad (5.7)$$

接下来，我们研究企业异质性来源不用的两类行业中企业的对绿地投资和跨国并购的选择。

(1) 知识和研发技术密集型行业企业的选择（A 行业）。在企业异质性主要来源于可流动能力的 A 行业中，M 国的企业进入市场能够获得随机可流动能力 ϖ，来自连续分布函数 H；相反，M 国专有的不可流动能力 η^M 的分布函数 G 是一种阶梯函数形式：在概率为 $1 - \rho$ 时 $\eta^M = 0$；在概率为 ρ 时，$\eta^M = 1$。兼并后的企业类型有两种：$(\varpi, 1, 0)$ 和

（ϖ，1，1），分别表示绿地投资型和跨国并购型。这两种形式下的利润函数为：

$$\pi_g(\varpi) = (1 + \delta)D\varpi - F_C \qquad (5.8)$$

$$\pi_a(\varpi) = 2D\varpi \qquad (5.9)$$

如果企业没有参与并购市场，则采取绿地投资的方式进入国外市场；如果企业参与并购，在合并后的企业没有利用该企业的可流动能力时，则企业的股票价格 = V（0，1），与 ϖ 无关；如果合并后的企业利用了该企业的可流动能力，那么这个企业作为一个并购者在国外市场利用了合作企业的不可流动能力，此时该企业的利润为 $\pi_a(\varpi)$ - V（0，1）。那么（ϖ，1）型企业的股票价格应该满足：

$$V(\varpi, 1) = \max\{\pi_g(\varpi), \pi_a(\varpi) - V(0, 1)\} \qquad (5.10)$$

我们可以把（ϖ，1）型企业分成两个部分，$\varpi \in \varpi_g$ 时，企业选择绿地投资方式；$\varpi \in \varpi_a$ 时，企业选择跨国并购模式。将上式对 ϖ 求偏导，可得：

$$\frac{\partial V(\varpi, 1)}{\partial \varpi} = \begin{cases} \dfrac{\partial \pi_g(\varpi)}{\partial \varpi} = (1 + \delta)D, \ 0 < \delta < 1, \ \varpi \in \varpi_g \\ \dfrac{\partial \pi_a(\varpi)}{\partial \varpi} = 2D, \ \varpi \in \varpi_a \end{cases} \qquad (5.11)$$

很显然，$2D > (1 + \delta)D$，即：

$$\frac{\partial \pi_g(\varpi)}{\partial \varpi} < \frac{\partial \pi_a(\varpi)}{\partial \varpi} \qquad (5.12)$$

据此，我们可以得到这样的结论：存在有这样的关于 ϖ 的临界值，$\varpi_0 = \dfrac{V(0, 1) - F_C}{D(1 - \delta)}$，若企业的可流动能力小于这一临界值，企业会选择绿地投资的方式；若企业的可流动能力大于这一临界值，企业会选择跨国并购的方式。也就是说：对于企业异质性主要来源于企业可流动能力的行业，如研发技术密集型行业，企业的可流动能力越高即企业的生产率水平越高，则企业更倾向于选择跨国并购；企业的可流动能力越低即企业的生产率水平越低，企业更倾向于选择绿地投资。

（2）人力资本和广告营销密集型行业企业的选择（B 行业）。在企业异质性主要来源于不可流动能力的 B 行业中，M 国的企业进入该国市场能够随机获得该国专有的不可流动能力 η^M，来自连续分布函数 G；相反，M 国的可流动能力 ϖ 的分布函数 H 是一种阶梯函数形式：在概

率为 $1-\upsilon$ 时 $\varpi=0$；在概率为 υ 时，$\varpi=1$。企业群体可以分为两种类型：$(1,\eta)$ 和 $(0,\eta)$，分别表示可利用的可流动能力 $\varpi=1$ 的企业和不可利用的可流动能力 $\varpi=0$ 的企业。$(0,\eta)$ 类型的企业因为不具备可利用的可流动能力，因此只能成为收购目标，不会成为跨国并购的主体。一般来讲，开展 FDI 的企业相对于只供应国内市场以及出口的企业效率要更高，赫尔普曼等（Helpman et al.，2004）已经推导和验证了这一结论。所以就够进行跨国并购的只有 $(1,\eta)$ 型企业。我们推导 $(1,\eta)$ 型企业的股票价格 $V(1,\eta)$，我们用 $\pi_g(\eta)$ 和 $\pi_a(\eta)$ 分别表示绿地投资和跨国并购的利润函数：

$$\pi_g(\eta)=(1+\delta)D\eta-F_C \tag{5.13}$$

$$\pi_a(\eta)=D\eta-V(0,\eta) \tag{5.14}$$

两种利润函数分别对 η 求偏导，可得：

$$\frac{\partial\pi_g(\eta)}{\partial\eta}=(1+\delta)D,\ 0<\delta<1$$

$$\frac{\partial\pi_a(\eta)}{\partial\eta}=D-\frac{\partial V(0,\eta)}{\partial\eta} \tag{5.15}$$

对 $V(0,\eta)$ 来讲，η 越大意味着企业所拥有的不可流动能力越强，即可以理解为企业的生产率越高，那么这样的企业的股票价格和并购成本也一定越大，因此 $V(0,\eta)$ 应该是 η 的增函数，那么 $\frac{\partial V(0,\eta)}{\partial\eta}>0$，由于 $0<\delta<1$，所以 $(1+\delta)D>\left(D-\frac{\partial V(0,\eta)}{\partial\eta}\right)$，即：

$$\frac{\partial\pi_g(\eta)}{\partial\eta}>\frac{\partial\pi_a(\eta)}{\partial\eta} \tag{5.16}$$

据此，我们可以得到这样的结论：存在有这样的关于 η 的临界值，$\eta_0=\frac{F_C}{\delta D}$，若企业的不可流动能力小于这一临界值，企业会选择跨国并购的方式；若企业的可流动能力大于这一临界值，企业会选择绿地投资的方式。也就是说：对于企业异质性主要来源于不可流动能力的行业，如人力资本密集型行业和广告营销密集型行业，企业的不可流动能力越高，即企业的生产率越高，则企业更倾向于选择绿地投资；而企业的不可流动能力越低，即企业的生产率越低，则企业更倾向于选择跨国并购。

5.2.3　模型结论

第一，企业异质性体现在企业核心能力的不同上，而企业的核心能力又分为可移动能力和不可移动能力。不同行业中企业异质性的来源不同，在进行 FDI 时，异质性企业对绿地投资和跨国并购的选择不同。

第二，对于异质性主要体现在可流动能力的行业，像研发技术密集型行业，生产率较高的服务企业选择跨国并购，而生产率较低的服务企业选择绿地投资；对于异质性主要来源于不可流动能力的行业，如人力资本和广告营销密集型行业，生产率较高的服务企业选择绿地投资，生产率较低的服务企业选择跨国并购。两种不同的结果告诉我们，选择跨国并购的企业可能是生产率高的企业，也可能是生产率低的企业，仅仅从企业生产率的差异上并不能解释服务业跨国公司绿地投资与跨国并购的选择，还要同时考虑企业所处行业的不同。

将前面关于异质性服务企业出口与 FDI 的选择、FDI 与外包的选择，以及 FDI 进入模式的选择结果结合起来，形成一个总的结论是：如果异质性服务企业已经进入国际市场，那么生产率较低的企业选择出口；生产率较高的企业才选择 FDI。如果企业要在全球选购中间投入品，在资本密集型行业，生产率较高的企业选择 FDI，生产率较低的企业选择离岸外包；在劳动密集型行业，生产率较高的企业选择离岸外包。以 FDI 形式参与国际市场的企业中，在研发技术密集型行业，生产率较高的企业选择跨国并购，而生产率较低的企业选择绿地投资；在人力资本和广告营销密集型企业，生产率较高的企业选择绿地投资，生产率较低的企业选择跨国并购。

5.3　中国异质性服务企业 FDI 进入模式的定量分析

根据理论分析的结果，接下来我们要研究的是中国服务企业在跨国并购与绿地投资中的选择。首先分析全球跨国并购和绿地投资的发展现状，以及中国企业跨国并购与绿地投资在全球的地位；其次比较全球服务企业与制造业企业跨国并购与绿地投资的发展；最后检验异质性来源不同的行业，服务企业跨国并购和绿地投资的选择，得出不同行业不同的 FDI 选择模式。

5.3.1　中国与全球跨国并购与绿地投资的现状分析

2011 年《世界投资报告》指出，2010 年绿地投资减少，跨境并购交易值上升了 36%，但仍然只有 2007 年最高值的 1/3 左右，而进入发展中经济体的跨境并购值增长了一倍。2012 年《世界投资报告》指出，2011 年，跨境并购增长 53%，达 5260 亿美元。增长的主要原因是大宗交易（价值超过 30 亿美元的交易）量增多，从 2010 年的 44 宗升至 2011 年的 62 宗。这既反映出股票市场资产价值升高，也反映出买家实施并购运作的资金能力有所提升。绿地投资项目额已连续两年下滑，于 2011 年稳定在 9040 亿美元。2011 年，发展中和转型期经济体的绿地投资价值仍超过总额的 2/3。尽管 2011 年全球直接外资流量的增长大部分是由跨境并购推动的，绿地投资项目的总值仍大大高于跨境并购，自金融危机以来一直如此。

1. 中国企业跨国并购与全球的比较

联合国贸易与发展会议跨国并购数据库中关于跨国并购的统计分为出售（seller）和购买（purchaser）两个方面，我们要研究的是中国企业对外直接投资的进入模式，而不包含中国引进对外直接投资的模式，因此在接下来的数据分析中，我们只采用跨国并购收购额以及收购交易的项目数。

首先，从跨国并购收购额来看。1990 年全球跨国并购收购额为 98903 百万美元，其中发达国家跨国并购收购额为 87188 百万美元，占比 88.16%，发达国家的跨国并购行为占据主导地位；而发展中国家跨国并购收购额 7551 百万美元，占比只有 7.64%。同时期的中国跨国并购收购额只有 1340 百万美元，占全球的比例为 1.35%，占发展中国家的比例为 17.75%。20 世纪 90 年代初期全球跨国并购出现了低迷，自 1994 年始呈现明显的增长趋势，到 2000 年全球跨国并购收购额达到 905214 百万美元，接近 1990 年的 10 倍。其中发达国家跨国并购收购额为 828662 百万美元，占比达到 91.54%，仍然占据绝对优势地位；发展中国家跨国并购收购额为 57599 百万美元，占比 6.36%，绝对数低于 1990 年发达国家的水平；中国同时期的跨国并购收购额小于出售额，差额为 307 百万美元。进入 21 世纪，发达国家跨国并购收购额占全球比例呈下降趋势，而发展中国家占比呈上升趋势，尤其在 2007 年金融危机之后，发展中国家占比持续上升，而发达国家占比进一步下降，但是发达国家仍然占有数量优势。到 2012 年发展中国家跨国并购收购额占比达到 36.7%，发达国家占比为 56.99%。

图 5-1 展示了 1990～2012 年发达国家与发展中国家及中、美、欧跨国并购收购额占比情况。从图中可以看出中国跨国并购收购额占全球的比例一直都很低，远远低于美国、欧盟等发达国家和地区，但是自 2007 年以来中国占比呈明显上升趋势，而欧盟的占比却出现大幅度下降，美国占比在 2003～2009 年呈明显下降趋势，近几年呈现平稳小幅上升趋势。2012 年中国跨国并购收购额占全球的比例为 12.05%。

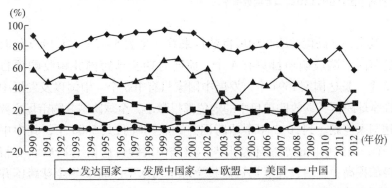

图 5-1　1990～2012 年发达国家和发展中国家及中美欧跨国并购收购额占比
资料来源：作者自制。

表 5-1 显示，自 2003 年以来全球主要地区跨国并购收购额数据。2007 年金融危机爆发以来全球跨国并购收购总额出现大幅回落，2009 年以后开始缓慢回升。发达国家和发展中国家整体也表现出同样的趋势。发达国家中的美国和日本表现同全球一致，但是欧盟的跨国并购收购额自危机以来一直呈大幅回落趋势，到 2012 年出现跨国并购收购额

小于出售额的情况。与全球整体趋势不同的是中国，2009 年以来中国的跨国并购收购额保持稳步较快增长趋势，2010 年和 2011 年的增长率分别达到 37.6% 和 27.6%，即使在 2012 年全球和发达国家各国都出现下滑局面时，中国还保持了微弱增长趋势，较 2011 年增长 1.52%。

表 5 - 1　　　　　　2003 ~ 2012 年各地区跨国并购收购额　　　　单位：百万美元

年份 地区	2003	2004	2005	2006	2007	2008	2009	2010	2011	2012
世界	182874	227221	462253	625320	1022725	706543	249732	344029	555173	308055
发达国家	138180	166974	359551	497324	841714	568041	160785	223726	428075	175555
发展中国家	16059	25934	68680	114922	144830	105849	73975	98149	108296	113055
欧盟	47417	69917	210111	260680	537890	306734	89694	25960	137124	- 1470
美国	64284	47423	86088	117729	179895	70173	23760	87353	136574	79885
日本	1952	2004	5012	16966	30346	56379	17440	31183	62692	35666
中国	1590	917	3653	12090	- 2282	37941	21490	29578	36554	37111

资料来源：UNVTAD 跨国并购数据库。

其次，从跨国并购收购项目数目来看（见表 5 - 2），在 1990 年时中国的跨国并购收购项目只有 4 个，而同时期全球跨国并购收购项目有 2072 个，发达国家 1594 个，发展中国家只有 108 个。中国以及发展中国家在全球跨国并购收购项目中的地位都很渺小，全球跨国并购市场主要由发达国家控制。到 2012 年全球跨国并购收购项目共 5400 个，其中中国 165 个，虽然中国的数量还是很少，但是中国的占比相比 1990 年有很大幅度的提高，且增长速度远远超过全球平均水平。2012 年全球跨国并购收购项目数相对 1990 年增长 1.6 倍，而中国增长了 40.25 倍。

表 5 - 2　　　　　　1990 年以来跨国并购收购项目数　　　　单位：个

年份 地区	1990	2000	2003	2004	2005	2006	2007	2008	2009	2010	2011	2012
世界	2072	6280	3004	3683	5004	5747	7018	6425	4239	5484	6065	5400
发达国家	1594	5431	2072	2706	3741	4446	5443	4732	2666	3713	4384	3745
发展中国家	108	531	418	523	765	839	1047	1011	746	1084	1083	1029

年份 地区	1990	2000	2003	2004	2005	2006	2007	2008	2009	2010	2011	2012
欧盟	894	3245	1005	1170	1828	2216	2782	2548	1328	1759	1983	1639
美国	226	1327	598	813	897	1063	1241	1085	582	891	1175	1092
日本	299	78	57	56	126	137	161	185	160	198	278	308
中国	4	12	31	44	45	38	61	69	97	150	158	165

资料来源：UNVTAD 跨国并购数据库。

2011 年中国对外直接投资统计公报数据显示（见表 5 - 3），2011 年中国企业以并购方式实现的直接投资 272 亿美元，占流量总额的 36.4%，全部为非金融类投资并购。并购领域以采矿业、制造业、电力生产和供应业为主。2012 年中国对外直接投资统计公报数据显示，2012 年，中国企业共实施对外投资并购项目 457 个，实际交易金额 434 亿美元，两者均创历史之最。其中，直接投资 276 亿美元，占 63.6%，境外融资 158 亿美元，占 36.4%。

表 5 - 3　　　　2004 ~ 2012 年中国对外直接投资跨国并购情况　　单位：亿美元

年份	跨国并购余额	同比增长%	占 OFDI 的比重%
2004	30. 0	—	54. 5
2005	65. 0	116. 7	53. 0
2006	82. 5	26. 9	39. 0
2007	63. 0	- 23. 6	23. 8
2008	302. 0	379. 4	54. 0
2009	192. 0	- 36. 4	34. 0
2010	297. 0	54. 7	43. 2
2011	272. 0	- 8. 4	36. 4
2012	434. 0	59. 6	36. 4

资料来源：2012 年中国对外直接投资统计公报。

最后，从超过 10 亿规模的跨国并购项目来看（见表 5 - 4），2012 年全球跨国并购项目超过 10 亿的项目中，中国作为并购项目最终母国的项目共有9个，大多数集中在原油和天然气行业（4笔交易），服务业包括地产、投资、非商业组织以及电信业共有4笔交易，而制造业只有一笔交易。

表5-4 2012年母国为中国的跨国并购额超过10亿的项目

价值（10亿美元）	被收购公司	东道国	被收购公司所在行业	收购公司	母国	收购公司所在行业	收购股份
4.8	Galp Energia SGPS SA	葡萄牙	原油和天然气	中国石化集团	中国	原油和天然气	30
2.6	AMC Entertainment Holdings Inc	美国	影院	大连万达集团	中国	非民用地产	100
2.5	Devon Energy Corp	美国	原油和天然气	中国石化集团	中国	原油和天然气	33
1.9	Lion Capital LLP	英国	投资	光明食品	中国	非商业组织	60
1.6	Jones Lang LaSalle Inc	美国	房地产经营管理	投资集团	中国	投资	100
1.5	Talisman Energy Inc	加拿大	原油和天然气	中国石化集团	中国	原油和天然气	49
1.4	China Unicom (Hong Kong) Ltd	中国香港	电信业	中国联通	中国	电信业	5
1.3	Conoco Phillips Co	美国	原油和天然气	中国石化集团	中国	原油和天然气	10
1.0	Kalahari Minerals PLC	英国	铀镭钒矿石	广东核电控股	中国	电气设备维护	100

资料来源：UNVTAD跨国并购数据库。

2. 中国企业绿地投资与全球的比较

与跨国并购的分析一样，我们主要研究中国作为绿地投资来源地与全球的比较。首先，我们从全球绿地投资来源地看（见表5-5）。2003年全球绿地投资额为771315百万美元，从来源地看发达国家612469百万美元，占全球比例为79.4%，其中美国177870百万美元，占比23.06%；发展中国家134054百万美元，占比17.38%，其中中国14624百万美元，占比1.9%。发达国家作为绿地投资的来源地同样占绝对主导地位。受经济危机影响，全球绿地投资在2009年达到最大值，之后各地区绿地投资额都出现大幅减少，2011年出现缓慢复苏镜像，但是2012年全球绿地投资又大幅下降。

表 5－5　　　　　　　2003～2012 年全球按来源地分绿地投资额　　单位：百万美元

来源地	2003	2004	2005	2006	2007	2008	2009	2010	2011	2012
世界	771315	710848	702894	910601	943950	1582134	1041927	901152	913828	612155
发达国家	612469	562982	536330	658289	662006	1118178	749530	641353	643354	404307
发展中国家	134054	131134	142648	232156	257314	432298	273131	238178	252483	197806
欧盟	286361	240261	252857	342134	390319	600407	418898	355494	334108	207933
美国	177870	159037	152726	158217	139514	267398	172123	146585	156822	102806
日本	55194	90799	48987	84553	49378	98600	64123	65962	75922	42725
中国	14624	9042	10009	17490	32765	51477	26496	32892	40148	19052

资料来源：UNCTAD。

从各地区占比来看（如图 5－2），2003～2012 年呈现出的一个明显趋势是发达国家作为绿地投资来源地占全球的比例呈逐步下降趋势，到 2012 年发达国家绿地投资占全球的比例降到 66.05%；而发展中国家作为绿地投资来源地的地位逐步提高，到 2012 年发展中国家绿地投资占全球比例上升到 32.3%，与欧盟绿地投资的占比接近。虽然发达国家的占比仍然占据优势地位，但发展中国家的地位也在进一步提高。中国最为最大的发展中国家其作为来源地的绿地投资额占全球的比例仍然较低，2012 年占全球比例为 3.11%，低于同时期跨国并购收购额占全球的比例 12.05%。

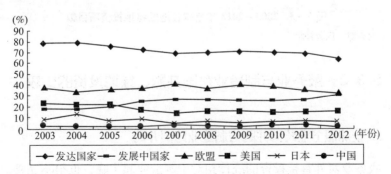

图 5－2　2003～2012 年全球绿地投资来源地占比

资料来源：作者自制。

其次，从全球来源地的绿地投资项目数来看（如图 5－3），全球绿地投资交易主要来源于发达国家。2003 年全球绿地投资交易项目数为 9513 笔。

其中来源于发达国家的项目为 7913 个，来源于发展中国家的项目数为 1444 个，而来自中国的绿地投资项目只有 107 个。无论从交易额还是交易数量看，中国作为绿地投资来源地的地位都很低。全球绿地投资项目数在 2008 年达到最大值，由于危机的影响，2009 年出现回落，在随后的几年呈现缓慢增长趋势，而 2012 年全球绿地投资项目数进一步下降，为 13628 个，相对于 2008 年的最高点减少 3635 个。发展中国家以及欧盟、美国和日本等主要发达国家及地区也都显示出类似的趋势。不同的是，中国作为绿地投资来源地的地位虽然很低，但是却呈现出与他国不同的变化趋势，即在危机期间中国作为绿地投资来源地的投资项目数仍然处于上升状态，到 2011 年中国对外绿地投资项目数为 436 个，比 2003 年增长 3.07 倍。2012 年受全球投资大幅回落的影响，中国的对外绿地投资项目也出现了小幅减少。

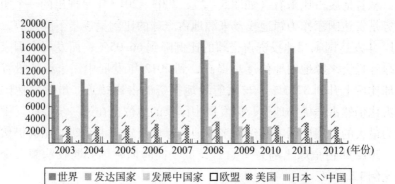

图 5－3　2003～2012 年全球各地区绿地投资项目数

资料来源：作者自制。

5.3.2　服务业与制造业跨国并购、绿地投资的比较

1. 全球服务业跨国并购与制造业跨国并购

服务业对外直接投资的统计相对于制造业起步晚，也很不完善。在服务业对外直接投资中，跨国并购进入方式的发展很快。根据联合国贸发会议跨国并购数据库中的统计数据显示，1990 年全球服务业跨国并购收购额为 470.09 亿美元（同期制造业跨国并购收购额为 490.54 亿美元），而到 2000 年服务业这一数字猛增至 6487.33 亿美元（同期制造业仅

为 2490.4 亿美元），比 1990 年增长接近 13 倍。自 1991 年服务业跨国并购收购规模就超过制造业，占比 73.92%，成为全球跨国并购的主体。

图 5 - 4 显示了 1990 ~ 2012 年全球跨国并购收购额中服务业和制造业的占比情况。从图中可以看出除了个别年份，如 1994 年服务业跨国并购收购额占比低于制造业，其他年份均超过制造业占比。在 1999 年之后的十多年的时间里，服务业跨国并购占比均在 60% 以上，占有绝对的主导地位；而在后危机时期，2009 年虽然服务业占比仍然在 70% 以上，但是全球跨国并购规模的大幅萎缩，使得各个行业的跨国并购规模都出现大幅下降。2009 年全球跨国并购收购额只有 2497.32 亿美元（2008 年的规模为 7065.43 亿美元），其中服务业的规模为 4087.46 亿美元（2008 年为 7090.43 亿美元），占比 73.28%，制造业规模为 376.32 亿美元（2008 年为 2446.67 亿美元），占比 15.07%。随着全球经济的缓慢复苏，2010 年全球跨国并购收购规模以及制造业收购规模呈现小幅增长，但是服务业的跨国并购收购规模仍继续下滑，导致 2010 年开始服务业跨国并购占比大幅降低，2010 年服务业占比下降到 46.88%，而制造业占比提高到 35.18%。在全球跨国并购出现小幅上涨之后，2012 年开始下降，服务业和制造业跨国并购收购规模分别仅为 1535.75 亿美元和 1431.66 亿美元，占比分别为 49.85% 和 46.47%，服务业的优势越来越小。

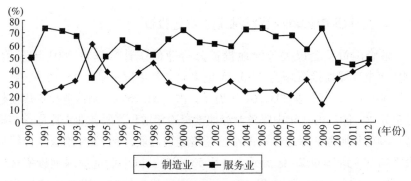

图 5 - 4　1990 ~ 2012 年服务业与制造业跨国并购收购额占比
资料来源：作者自制。

从项目数量来看，自 1990 年开始服务业跨国并购项目数就超过制造业。1990 年服务业跨国并购收购项目数为 1098 个，而同时期的制造业跨国并购收购项目数为 928 个。之后的十年中服务业跨国并购项目快速增长，到 2000 年服务业跨国并购收购项目已经达到 4243 个，是 1990 年的将近 4 倍，而同期制造业只有 1921 个，大约是 1990 年的 2 倍。图 5-5 显示 2003~2007 年全球跨国并购收购交易快速增长，其中服务业的跨国并购收购项目数量快速增加，超过制造业的幅度越来越大。2007 年以后受危机的影响，全球跨国并购项目数量减少，制造业和服务业的交易数量都随之减少，但是服务业的项目数仍远远超过制造业。因此，无论从交易数量还是交易规模，在全球跨国并购收购交易中，服务业都超过制造业，占有主导和优势地位。

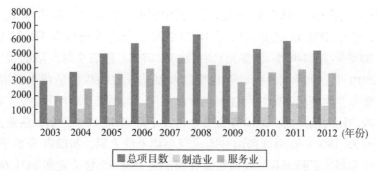

图 5-5　2003~2012 年服务业与制造业跨国并购项目数

资料来源：作者自制。

2. 全球服务业绿地投资与制造业绿地投资

联合国贸发会议关于绿地投资分行业的统计数据自 2003 年开始，2003 年全球绿地投资额为 7713.15 亿美元，其中服务业 2368.36 亿美元，占比 30.71%，制造业 3992.62 亿美元，占比 51.76%，制造业投资规模超过服务业。随后的几年中服务业绿地投资逐年增长，服务业占比也逐步提高，2007 年服务业绿地投资占比已经超过制造业，到 2008 年服务业绿地投资规模达到 8049.26 亿美元，占比 50.88%；同期制造业绿地投资规模为 6391.73 亿美元，占比 40.4%。受金融危机的影响，2008 年之后全球绿地投资规模也出现大幅下滑的状况，其中制造业和服务业绿地投资规模也大幅减少，分别为 4051.04 亿美元和 5198.95 亿美元，占比也进一步下降。图 5-6 显示 2003~2009 年服务业绿地投资占比呈稳步上升趋势，而同时期制造业占比逐步下降，但是在 2010 年和 2011 年两年中制造业绿地投资出现反弹，占比又超过了服务业。由于全球经济的不稳定性，2012 年全球绿地投资规模又出现大幅下滑，尤其制造业的下滑幅度很大，绿地投资额由 2011 年的 4525.88 亿美元下降到 2012 年的 2640.79 亿美元，占比也由 49.53% 下降到 43.14%；服务业投资规模也出现下滑，但波动幅度相对制造业要小，由 2011 年的 3852.20 亿美元下降到 3229.38 亿美元，由于制造业的下滑幅度过大，所以在服务业投资规模下降的同时，占比却由 42.15% 上升到 52.75%，又一次超过了制造业。

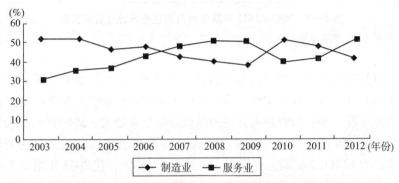

图 5 – 6　2003～2012 年服务业与制造业绿地投资额占比

资料来源：作者自制。

139

从绿地投资项目数量来看（如图 5–7），2003～2005 年制造业绿地投资项目数超过服务业，而在 2006 年之后的 4 年中服务业投资项目数都超过了制造业，其中 2008 年全球绿地投资项目数以及制造业和服务业绿地投资项目数都达到最高，分别为 17281 个、7846 个和 9092 个。2009 年受危机影响，各行业及全球绿地投资项目数都出现下滑，但服务业项目数仍超过制造业。在全球经济的缓慢复苏中，服务业绿地投资项目数和制造业项目数也保持较低增长，而且两个行业的项目数量相当。2012 年全球绿地投资项目数相对上一年减少 2318 个，其中制造业减少 1678 个，服务业减少 616 个，相对较少。服务业的投资项目数仍超过制造业。

5.3.3　服务业跨国并购与绿地投资的比较

1. 服务业整个行业的跨国并购规模与绿地投资规模的比较

在 2003～2012 年，服务业跨国并购与绿地投资的整体变化趋势接

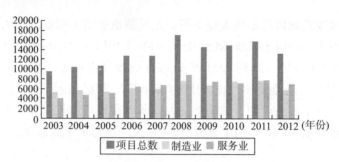

图 5 - 7　2003 ~ 2012 年服务业与制造业绿地投资项目数

资料来源：作者自制。

近，但是跨国并购出现较大幅度波动。自 2003 年开始服务业跨国并购呈快速上升趋势，且在 2004 ~ 2007 年服务业跨国并购规模都超过了绿地投资规模，并且两种进入方式的规模差距越来越大，跨国并购成为服务业企业 FDI 的主要进入方式。到 2007 年服务业跨国并购规模达到最大值，为 13211.7 亿美元，比上一年增长 65.55%，比 2003 年增长 5.62 倍。而同时期的绿地投资规模为 4609.67 亿美元，只有跨国并购规模的 34.9%。受金融危机的强烈冲击，服务业跨国并购和绿地投资规模在 2008 年出现逆转，跨国并购规模大幅下滑，出现 - 35.41% 的负增长；而绿地投资规模逆势上涨，比 2007 年增长 74.62%，这一年的跨国并购规模小于绿地投资规模（如图 5 - 8）。

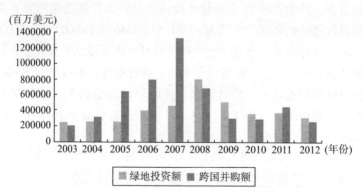

图 5 - 8　2003 ~ 2012 年服务业绿地投资额与跨国并购额

资料来源：作者自制。

危机后的 2008 ~ 2010 年这三年期间，绿地投资和跨国并购规模都继续萎缩，同时期服务业的绿地投资方式在服务业 FDI 中占优势地位。2011 年全球对外直接投资出现反弹，服务业 FDI 也开始小幅上涨，其中跨国并购的增长幅度大于绿地投资。2011 年服务业跨国并购规模为4638.94 亿美元，较去年上涨 56.2%，尽管涨幅较大，但绝对数量只达到 2007 年最高点的 35.11%；同期绿地投资规模为 3852.2 亿美元，同比增长 4.2%，远远低于跨国并购规模的涨幅，跨国并购又一次超过了绿地投资规模。最新的世界投资报告显示，2012 年全球 FDI 流量下降了 18%，服务业外资规模也出现下滑，其中绿地投资规模和跨国并购规模分别下降 16.17% 和 40.08%，跨国并购出现大幅度的下降。因此，在危机后全球经济面临较多不确定性的背景下，绿地投资的进入方式成为投资者和企业较多的选择方式。

2. 服务业整体的跨国并购和绿地投资项目数的比较

在跨国并购规模超过绿地投资规模的前几年，跨国并购项目数也超过了绿地投资项目数。但是不同的是，在 2004～2007 年跨国并购项目数超过绿地投资项目数的差距要小于规模差距，这也说明平均每笔绿地投资项目的规模要大于跨国并购项目的平均规模。而 2011 年的数据却表现出相反的结果，当年服务业跨国并购规模超过绿地投资，但是跨国并购项目数小于绿地投资，即跨国并购的平均规模超过绿地投资的平均规模，但这种差距相对危机前的差距要小很多。图 5-9 还显示出跨国并购在危机前后的不同表现，危机前的跨国并购规模较大，但数目较少；而危机后的规模较小，但数目较多。这说明在危机前的服务业跨过并购的平均规模要大于危机后的平均规模，说明在后危机时代，跨国并购的进入方式下企业抵御风险的能力相对较弱，企业的跨国并购行为更为谨慎且数额较小。

5.3.4　服务业分行业绿地投资和跨国并购的选择

根据异质性企业贸易理论和 OLI 研究范式，服务企业对外投资的进入模式也会受到所有权优势、内部化优势和区位优势的共同作用。在所有权优势方面，国家层面的所有权优势、跨国公司的行业特征以及企业层面的竞争优势和异质性都会影响企业的投资方式；内部化优势主要从

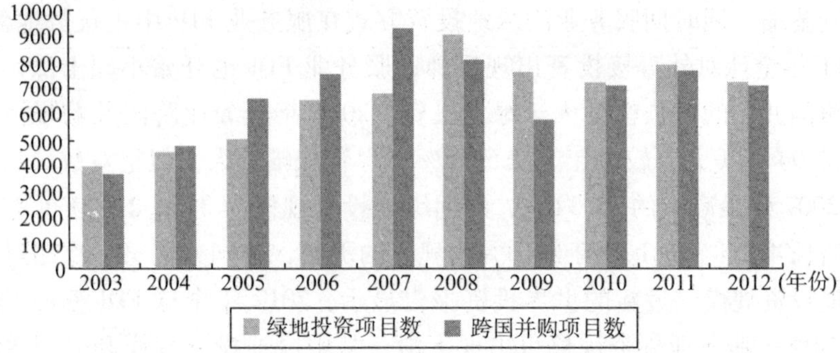

图 5 - 9 2003~2012 年服务业绿地投资额与跨国并购项目数

资料来源：作者自制。

交易成本角度决定企业的投资方式；区位优势则体现东道国政治、经济、文化和环境等方面对企业投资方式的影响。我们研究服务企业对外直接投资的进入方式选择，主要是研究服务业内部各行业企业在 FDI 进入方式选择上的差别。由于缺乏中国服务业行业跨国并购和绿地投资的系统统计，我们在研究服务业各行业绿地投资与跨国并购的选择时，采用全球服务业跨国并购和绿地投资的数据进行定量分析。这种以全球服务业为研究对象的结果对中国服务企业的实践应该会有一定的指导意义。

表 5 - 6 列出了 2003~2012 年联合国贸发会议 FDI 统计数据库中关于服务业各行业的跨国并购规模和绿地投资规模。我们通过实际数据的比较，将会得出哪些行业应该更多地以跨国并购的方式开展 FDI，哪些行业应该以绿地投资的方式开展 FDI。

表 5 - 6 2003~2012 年服务业各行业跨国并购规模与绿地投资规模

单位：百万美元

年份	电力、燃气和水的供应		建筑业		贸易业		旅馆和餐饮业		运输、仓储和电信业	
	跨国并购	绿地投资	跨国并购	绿地投资	跨国并购	绿地投资	跨国并购	绿地投资	跨国并购	绿地投资
2003	10281.06	25482.00	2995.06	25400.34	16950.54	30485.71	759.73	34342.00	39329.57	54828.25
2004	2231.49	38496.36	631.90	39587.64	14664.47	27983.00	2485.93	24283.83	27093.62	61488.40
2005	65431.93	27683.08	8001.83	25729.48	16352.64	28425.31	2493.77	25454.99	125584.69	69673.86

续表

年份	电力、燃气和水的供应		建筑业		贸易业		旅馆和餐饮业		运输、仓储和电信业	
	跨国并购	绿地投资	跨国并购	绿地投资	跨国并购	绿地投资	跨国并购	绿地投资	跨国并购	绿地投资
2006	-16794.37	67343.27	13326.05	79322.00	15752.32	32709.47	14312.05	29630.34	201381.05	78803.72
2007	153154.78	87465.96	23216.52	90670.72	48728.71	26702.64	1080.61	42504.58	111902.08	61440.35
2008	74239.30	190060.04	-2767.58	151973.95	37223.07	37074.46	7200.69	60663.34	82413.04	83151.31
2009	109239.85	151702.73	8686.63	95450.93	7017.12	33302.11	2095.13	36666.41	28098.71	73234.81
2010	-19929.54	83619.73	5673.07	43872.13	22452.01	33153.33	6355.79	26643.81	29974.31	62640.84
2011	40475.19	94862.15	351.08	40764.69	27633.62	27718.24	4904.26	19548.39	60067.29	73657.93
2012	14439.42	68583.42	3458.47	60134.84	35669.73	20140.84	-234.41	15011.36	36420.03	48150.15
合计	432769.11	835298.73	63573.03	652906.72	242444.23	297695.12	41453.55	314749.05	742264.39	667069.61

年份	金融业		商务服务业		教育业		健康和社会服务业		社会和个人服务业	
	跨国并购	绿地投资	跨国并购	绿地投资	跨国并购	绿地投资	跨国并购	绿地投资	跨国并购	绿地投资
2003	109045.1	21412.2	20159.4	32890.4	924.4	281.7	707.6	600.6	612.7	10949.7
2004	236811.8	22471.1	64688.9	32082.6	85.6	692.7	3584.9	631.1	-27241.6	6009.1
2005	278014.7	27295.2	126853.2	45601.1	2585.7	1009.4	45.9	800.6	21150.5	8696.0
2006	424871.7	38717.0	128064.6	65721.5	-307.3	1286.0	11129.6	827.2	18858.1	5380.3
2007	798215.0	48896.4	153124.6	89367.4	901.8	770.4	17633.0	1410.4	24888.4	10772.5
2008	385039.0	58996.4	157789.3	186404.9	1203.1	1712.1	2045.8	2965.8	-4267.9	27755.4
2009	120089.5	44265.0	34819.1	74280.4	609.7	1890.3	1162.7	2056.7	3521.1	5855.8
2010	157350.8	42806.9	72694.8	62471.1	1786.9	1774.5	13062.1	2251.3	12575.1	7967.2
2011	203914.6	47028.9	89482.6	72693.0	1242.9	1664.1	4046.8	1502.8	8365.8	4172.3
2012	122903.4	35905.9	57523.1	57398.8	840.2	1908.9	6278.0	2586.8	11526.5	11776.0
合计	2836255.6	387795.1	905199.5	718911.1	9873.0	12990.0	59696.3	15633.3	69988.7	99334.4

资料来源：UNCTAD 跨国并购数据库。

通过图 5 - 10 的比较结果可以发现各个行业的 FDI 进入方式选择具有如下的行业特征。

第一，在建筑业、旅馆和餐饮业这两个行业中，绿地投资相比跨国并购占有明显的优势，即这两个行业中的企业更多地采取绿地投资的方式参与国际市场。从异质性的来源来看，建筑业、旅馆和餐饮业属于人力资本和劳动密集型行业，在进行 FDI 时，企业的核心能力即拥有的经验和人力资本是不可以在国际间转移的，因而该行业属于异质性来源于不可流动能力的行业，根据前面理论分析的结果，这样的行业中效率较高（生产率较高）的企业会选择绿地投资的方式开展 FDI。

第二，在金融业、健康和社会服务业这两个行业中，跨国并购相比绿地投资占有相对优势地位，即这两个行业中的企业更多地采取跨国并购的方式参与国际市场。从异质性来源来看，这两个行业属于研发技术和知识密集型行业，这样的行业中异质性主要来源于可流动能力，因此根据理论分析的结果，这样的行业中效率较高（生产率较高）的企业会选择跨国并购的方式开展 FDI。

第三，在电力、燃气和水的供应业、教育业、贸易业以及运输、仓储和电信业绿地投资和跨国并购都没有明显优势。但在我们样本考察的区间中，前面四个行业实施绿地投资的年份要超过跨国并购，所以总体上看绿地投资规模大于跨国并购规模，但是除了教育业，其他三个行业最近几年的绿地投资规模呈下降趋势；而除了贸易业，其他三个行业的跨国并购规模也呈现下降趋势，但贸易业的跨国并购增长幅度较大。结合行业自身特征，电力、燃气和水的供应业、教育业应该属于企业异质性来源于可流动能力的行业，这样的行业中生产率较高的选择跨国并购；贸易业以及运输、仓储和电信业中企业的核心能力主要来源于营销网络等不可流动能力，生产率较高的企业会选择绿地投资。

第四，在商务服务业以及社会和个人服务业这两个行业的绿地投资和跨国并购规模也没有明显的优势，但是在研究区间，跨国并购超过绿地投资的年份较多，所以跨国并购具有相对比较优势。商务服务业以及社会和个人服务业两个行业属于人力资本和广告营销密集型行业，这样的行业的异质性来源于不可流动能力，因此生产率较高的企业会选择绿地投资。

第五，从各个行业绿地投资和跨国并购的总体规模来看，电力、燃气和水的供应业、建筑业、贸易业、旅馆和餐饮业、教育业以及社会和个人服务业 6 个行业的绿地投资总规模大于跨国并购总规模；运输、仓储和电信业、金融业、商务服务业以及健康和社会服务业四个行业的跨国并购总规模大于绿地投资总规模。

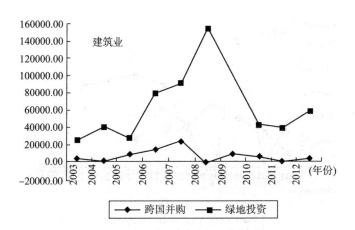

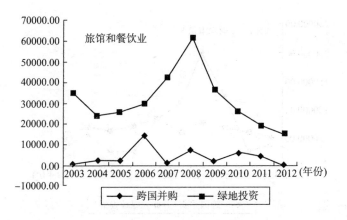

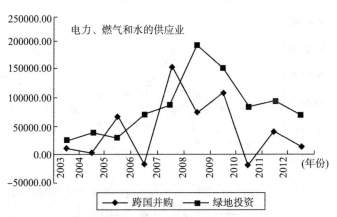

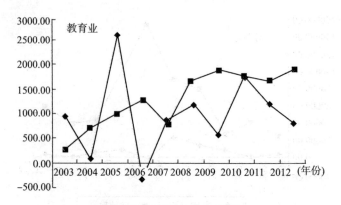

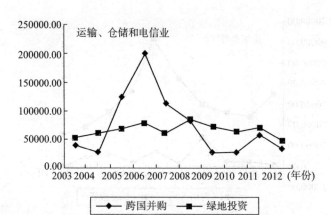

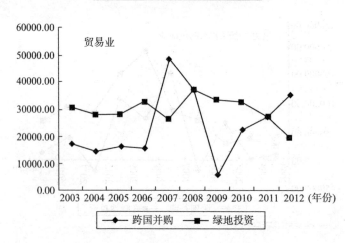

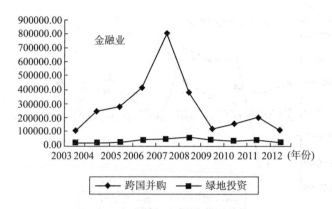

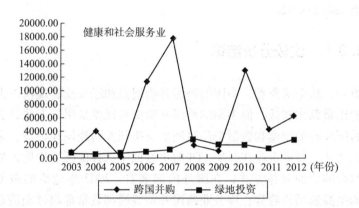

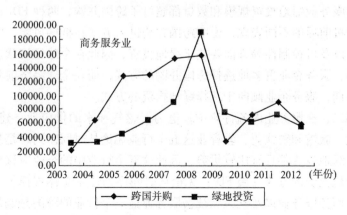

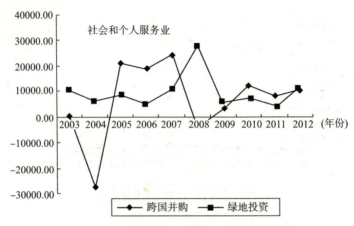

图 5 - 10　各行业跨国并购与绿地投资的比较

资料来源：作者自制。

5.3.5　比较分析结论

第一，从全球来看，中国的跨国并购规模和绿地投资规模占世界总规模的比重都比较低，但中国的跨国并购交易规模呈明显上涨趋势；服务业跨国并购的规模和数量都超过制造业跨国并购规模和数量，说明相对于制造业，服务企业在开展 FDI 时更倾向于选择能够更快地扩展规模和品牌影响力的兼并方式；在服务内部来看，2007 年危机前服务业跨国并购呈高速增长趋势，服务业跨国并购规模和数量都超过制造业，在危机后服务业绿地投资规模和数量都超过了跨国并购，两种 FDI 进入模式在危机前后的不同表现，说明跨国并购进入方式在抵御风险、防范不确定性以及可控制性等方面要差于绿地投资，因此在全球经济状态良好的时期，服务企业更多地选择跨国并购的方式，而在全球经济前景不明朗的时期，服务企业倾向于选择绿地投资的方式。

第二，在服务业内各行业中，电力、燃气和水的供应业、建筑业、贸易业、旅馆和餐饮业、教育业这五个行业无论从时间序列还是从总体规模，绿地投资都具有比较优势，因此这五个行业中的企业应该更多地采取绿地投资的方式开展 FDI；无论从时间序列还是总体规模上看，金融业、商务服务业以及健康和社会服务业这三个行业的跨国并购规模都超过绿地投资规模，跨国并购模式具有比较优势，因此这三个行业中的企业应该更多地采取跨国并购的方式开展 FDI；社会和个人服务业以及运输、仓储和电信业这两个行业在时间序列和总体规模上的表现出现不一致的情形，但仔细观察数据可以发现，社会和个人服务业在总规模上出现跨国并购小于绿地投资的情形是由于跨国并购中有两年的数据为负值，由于 UNCTAD 跨国并购数据库中跨国并购规模是按照净值统计的，即使是负值也能体现跨国并购交易额，因此在社会和个人服务业跨国并购规模实际大于绿地投资规模，该行业中的企业也应该采取跨国并购的方式参与国际市场。而运输、仓储和电信业考虑到我国的实际，应该更多地采取跨国并购的方式参与国际市场（见表 5 - 7）。

表 5 - 7　　　　中国不同服务行业对绿地投资与跨国并购的选择

跨国并购的行业	绿地投资的行业
金融业	电力、燃气和水的供应业
商务服务业	建筑业
健康和社会服务业	贸易业
社会和个人服务业	旅馆和餐饮业
运输、仓储和电信业	教育业

资料来源：作者整理。

5.4　本　章　小　结

本章主要从理论分析和定量分析的角度，分析了异质性服务企业 FDI 进入方式的选择。在综合已有文献的研究基础上，将异质性企业贸易理论的研究扩展到服务企业领域，研究服务企业在决定以 FDI 方式进入国际市场时，其绿地投资模式和跨国并购模式的选择。以诺科和耶普尔（Nocke and Yeaple，2007）模型为基础，我们抛弃诺科和耶普尔（Nocke and Yeaple，2007）中关于国内并购和跨国并购的划分，以及出口、绿地投资和跨国并购的多重选择，在模型中专注于异质性服务企业绿地投资和跨国并购的选择，得出基本一致的结论，即对于异质性主要体现在可流动能力的行业，如研发技术密集型行业，生产率高的企业会选择跨国并购，而生产率低的企业会选择绿地投资；相反，对于异质性主要体现在不可流动能力的行业，如人力资本和营销经验密集型行业，生产率高的企业会选择绿地投资，而生产率低的企业会选择跨国并购。因此判断服务企业绿地投资与跨国并购的选择还要基于企业所在行业的异质性来源。

在定量分析部分，由于数据所限，我们采用联合国贸易与发展会议FDI统计数据库以及跨国并购数据库中的数据对绿地投资和跨国并购情况进行分析。第一，对中国与全球跨国并购和绿地投资规模和数量的比较，发现中国的跨国并购规模和绿地投资规模占世界总规模的比重都比较低，但中国的跨国并购交易规模呈明显上涨趋势；第二，在利用全球服务业跨国并购与绿地投资规模和数量的比较分析中，发现服务业跨国并购的规模和数量都超过制造业跨国并购规模和数量，说明相对于制造业，服务企业在开展FDI时更倾向于选择能够更快地扩展规模和品牌影响力的兼并方式；第三，在服务内部来看，2007年危机前后绿地投资和跨国并购的表现不同，危机前的跨国并购规模和数量都超过绿地投资，而危机后的绿地投资规模和数量都超过跨国并购，说明跨国并购进入方式在抵御风险、防范不确定性以及可控制性等方面要差于绿地投资，在全球经济前景不明朗的时期，服务企业倾向于选择绿地投资的方式；第四，服务业内部各行业企业在面临跨国并购和绿地投资选择时的表现也不同，这体现出与理论分析相一致的特征。不同服务行业其企业异质性的来源不同，建筑业、旅馆和餐饮业属于人力资本和劳动密集型行业，在进行FDI时，企业拥有的经验和知识优势是不可以在国际间转移的，因而该行业属于异质性来源于不可流动能力的行业，根据前面理论分析的结果，这样的行业中效率较高（生产率较高）的企业会选择绿地投资的方式开展FDI。而金融业、健康和社会服务业属于研发技术和知识密集型行业，这样的行业中异质性主要来源于不可流动能力，因此根据理论分析的结果，这样的行业中效率较高（生产率较高）的企业会选择跨国并购的方式开展FDI。

总之，异质性企业贸易理论从行业和企业的异质性角度得出了企业参与FDI的模式选择，不同行业中不同企业面临不同的选择。这样的结论对我国服务企业在FDI进入模式选择上具有重要的指导意义。

第6章 结论及政策建议

6.1 主要的研究结论

2012年，服务业经济占全球经济的比例达63.6%，全球经济已经进入服务经济时代。同期中国服务业产值23.1626万亿元，占GDP比重逐年提高，达到44.6%。《中国服务业发展报告2013》中指出，2013年第一季度，中国服务业增加值已经超过工业成为GDP的最大贡献者，服务业早在2011年就是劳动就业的第一大部门，2011年、2012年连续两年服务业利用外资都超过了制造业。虽然不能因此断定中国已经迈入"服务经济时代"，但至少可以肯定，服务经济在国民经济和社会发展中正发挥着越来越重要的作用。而从全球来看，随着价值链的进一步分解和生产过程的分割，产品和服务生产过程中很多环节都可以在全球分工，全球化的程度正在深化。而作为全球经济主导的服务业深入广泛地参与到全球化，对提高每一个国家的服务业发展水平都非常重要。在服务业全球化程度日益加深的背景下，中国服务业参与全球化是中国经济发展转方式调结构的必然选择。因此研究中国服务企业国际市场进入模式选择和全球生产组织模式选择具有重要的理论和现实意义。本书通过对异质性企业贸易理论的经典模型进行修正，从理论和实证的角度研究了异质性服务企业出口与FDI的选择，FDI与外包的选择，以及绿地投资与跨国并购的选择。本书得到如下结论：

第一，以制造企业为研究对象的异质性企业贸易理论基本上适用于对异质性服务企业国际贸易和国际投资行为的研究。异质性企业贸易理论关于异质性企业国际市场进入模式选择的结论主要在于：企业的生产率差异决定了企业的不同行为选择，生产率最低的企业退出市场；生产率较低的企业只服务国内市场；生产率较高的企业以出口的方式参与国际市场；生产率最高的企业以FDI的方式参与国际市场。在修正的异质性服务企业出口与FDI选择模型中，假设企业已经明确自身的生产率水平并且决定进入国际市场，服务产品都是异质的条件下，得出生产率最高的服务企业会开展FDI；生产率较低的企业会选择服务贸易出口的结论。由于模型中假设企业对自身生产率状况是明确的，因此不存在企业退出市场的选择。

第二，企业生产率差异是决定企业出口和FDI选择的重要因素，但不是唯一因素；发展中国家的服务业对外FDI呈现出与发达国家不同的特征。利用中国服务业分行业的面板数据，可以验证生产率差异对服务企业不同的国际市场进入模式选择的影响。一方面，在利用DEA技术测算了分行业企业的全要素生产率，然后检验全要素生产率与出口规模增长率之间的相关性，实证结果证实全要素生产率与服务贸易出口规模增长率之间存在正相关关系，并且全要素生产率是服务贸易出口增长的原因。在利用近似全要素生产率和劳动生产率分别与出口规模和OFDI流量的面板回归分析中，同样得到作为解释变量的企业生产率对出口规模和OFDI流量产生正的影响。通过将OFDI流量和存量的降序排列以及企业生产率的降序排列相比较，基本能够得到生产率较高的行业，其OFDI规模也相对较大，这与理论分析的结论是一致的。在加入多个控制变量后的实证研究结果表明，服务业行业生产率是促进行业服务贸易出口的重要原因，生产率的提高能够促进服务贸易出口规模的扩大；同时，服务业吸引外资水平和服务业竞争水平是服务贸易出口规模扩大的重要原因。而在服务业OFDI的决定因素分析中，我们将传统的OLI范式下的影响FDI的因素与企业异质性相融合，实证分析的结果表明，服务业行业生产率是决定企业OFDI的重要原因；中国服务企业OFDI不存在明显的跟随本国客户的特征；同时中国服务企业OFDI行为呈现出区别于发达国家的特征，即使在不具有经济优势的前提下也同样会开展OFDI，这在一定程度上与发展中国家对外直接投资行为相吻合。最后利用全球最大的服务业跨国公司以及发展中国家最大的服务业跨国公司的微观数据，进一步验证了服务业跨国公司企业生产率与企业的投资行为呈正相关关系。同时服务业跨国公司具有与制造业跨国公司相同的特征。

　　第三，要素密集度不同的服务行业，服务业跨国公司对 FDI 和离岸外包的组织模式选择不同。在契约不完全的情况下，企业生产率的差异能够影响企业 FDI 与外包组织模式的选择：高生产率的企业选择 FDI 的组织模式；而生产率较低的企业选择离岸外包的组织模式。同时，在契约不完全的情况下，核心服务密度的高低是决定剩余所有权的利润最大化的比例的关键因素。资本密集型行业内生产率水平最高的企业在发展中国家进行 FDI，生产率水平较低的企业在发展中国家实施离岸外包；而在劳动密集型行业中，没有企业会选择 FDI 的组织形式，该行业中较高生产率的企业会选择在发展中国家采取离岸外包的方式组织中间投入服务的生产。由于中国在全球离岸服务外包市场上是主要的承接方，而中国作为发包方的地位可以忽略不计，因此实证分析中从中国承接离岸服务外包的规模侧面反映跨国公司离岸外包的选择，结果发现契约不完全程度会影响企业组织模式的选择。契约不完全程度与承接服务外包规模呈负相关关系。契约执行成本越低的地区承接的服务外包规模越大，即跨国公司更倾向选择服务外包的组织模式；承接国内部各个地区引进的 FDI 越多，其承接的服务外包规模也越大，FDI 的引进对服务外包有促进作用。这意味着在东道国内跨国公司的子公司或分支机构是承接服务外包的一个主体；地区服务经济发展水平和人力资本禀赋是吸引服务外包的重要因素；而平均工资水平对服务外包的影响是不确定的。

　　第四，在服务业内部的不同行业中，由于企业流动能力在不同行业中的表现不同，从而不同行业的服务业跨国公司对绿地投资和跨国并购的选择不同。异质性企业贸易理论关于异质性企业绿地投资与跨国并购选择的理论模型也适用于异质性服务业跨国公司绿地投资与跨国并购的选择。企业异质性不是决定跨国公司绿地投资与跨国并购选择的唯一因素，在不同的行业中生产率的差异表现不同。通过简化的模型来考察异质性服务企业跨国并购与绿地投资选择时，我们得到基本一致的结果。在研发技术密集型行业，生产率较高的企业会选择跨国并购，而生产率相对较低的企业会选择绿地投资；而在人力资本密集型行业和广告营销密集型行业，生产率较高的企业会选择绿地投资，而生产率较低的企业会选择跨国并购。利用联合国贸易和发展会议 FDI 统计数据库以及跨国并购数据库中的数据，通过对全球服务业跨国并购与绿地投资的现状的比较分析，我们发现从服务业整体来看，服务业跨国公司相对于制造业跨国公司更偏好于跨国并购的 FDI 进入模式。再进一步，根据每个具体服务行业跨国并购和绿地投资的比较，我们得出不同服务行业其企业异质性的来源不同，不同行业服务业跨国公司对绿地投资与跨国并购的选择也不同，基本上与理论预期的相一致。在建筑业、旅馆和餐饮业等服务行业属于人力资本和劳动密集型行业，在进行 FDI 时，跨国公司拥有的经验和知识优势是不可以在国际间转移的，因而该行业属于异质性来源于不可流动能力的行业，这样的行业中生产率较高的企业会选择绿地投资的方式开展 FDI。而金融业、健康和社会服务业属于研发技术和知识密集型行业，这样的行业中异质性主要来源于不可流动能力，这样的行业中生产率较高的企业会选择跨国并购的方式开展 FDI。

6.2 中国进一步推进服务企业国际化的政策建议

154

进入 21 世纪以来，全球服务业高速发展，无论是发达国家还是发展中国家的服务业都通过服务贸易、服务业 FDI 以及服务外包等各种方式以强劲的势头参与全球化。中国作为一个经济大国，要成为经济强国，增强在国际经济中的地位和话语权，必须要推动中国服务企业更深、更广地参与全球化，这需要国家、政府和企业各方的共同努力。

6.2.1 从国家和政府的角度

第一，积极参与各种服务贸易规则的制定和谈判，为中国服务企业参与国际市场创造良好的国际环境。我国新一轮的对外开放，主攻方向和重点领域就是服务业开放。中国政府要积极参与全球服务贸易规则的制定，参加自由贸易区多双边谈判，政府在这个方面正在努力，并且已经做了很多。如中国政府积极参与 WTO 框架下服务贸易协议的谈判，2013 年 9 月 30 日中国正式宣布加入服务贸易协定（TISA）谈判，目标是制定服务贸易国际新规则，推动全球服务贸易进一步自由化，目前已经进行了四轮。中国政府也积极参与全球服务贸易规则的制定，并且与多个国家签订了涵盖货物贸易、服务贸易以及投资各方面的自由贸易协定。2003～2006年，中国内地与港澳签署自由贸易协定，这是中国内地实施的第一个自由贸易协定；2007 年 1 月 14 日，中国与东盟 10 国签署了中国—东盟自贸区《服务贸易协定》；2009 年 2 月 21 日，中国与巴基斯坦签署《中国—巴基斯坦自由贸易区服务贸易协定》；2008 年 4 月 13 日，中国与智利签署《中—智自贸区服务贸易协定》；2008 年 4 月 7 日中国于新西兰签订《中国—新西兰自由贸易协定》，这是中国与发达国家签订的第一个自由贸易协定，涵盖货物贸易、服务贸易以及投资等多个领域；2008 年 10 月 23日，中国与新加坡签署《中国—新加坡自由贸易协定》；2009 年 4 月 28日，中国与秘鲁签署《中国—秘鲁自由贸易协定》；2010 年 4 月 8 日，中国与哥斯达黎加签署《中国—哥斯达黎加自由贸易协定》，这是中国与中美洲国家签署的第一个自由贸易协定；2013 年 4 月 15 日，中国与冰岛签署了《中国—冰岛自由贸易协定》，这是中国与欧洲国家签署的第一个自由贸易协定；2013 年 7 月 6 日，中国与瑞士签订《中国—瑞士自由贸易协定》，这是中国与欧洲大陆国家签署的第一个自由贸易协定。中国也在谈判的自由贸易区包括中国—海合会自贸区谈判、中澳自贸区谈判、中挪自贸区谈判、中韩自贸区谈判、中日韩自贸区谈判以及《区域全面经济合作伙伴关系》(RCEP)；中国正在研究的自贸区谈判包括中国—印度自贸区谈判、中国—哥伦比亚自贸区谈判等①。

   虽然中国政府正在积极参与各项国际规则的制定和自由贸易协定的谈判，但从全球视野来看，中国做得还不够，与发达国家甚至于一些发展中国家还有很大差距。如墨西哥《金融家报》在 2013 年 11 月 14 日报道，11 月墨西哥将开始与全球 49 个国家进行服务贸易协定 (TISA) 谈判，并给出自己的条件。加入服务贸易协定将使墨西哥增加在本国和国际上的竞争力。墨西哥服务贸易占国内生产总值的 70%，服务贸易就业人口占全国就业人口的 2/3 以上。而在所有参加服务贸易协定的国家和地区中，墨西哥只与中国香港地区、韩国、中国台湾地区、土耳其和巴基斯坦还没有签署自贸协定。所以与经济发展程度远不如中国的墨西哥相比，我们还有很大的差距。因此，在进一步扩大服务业开放，培育新型开放经济体下的背景中，中国政府必须更积极地参与全球服务贸

---

   ① 资料来源：中国自由贸易区服务网 http：//fta. mofcom. gov. cn/。

易规则的谈判和制定。

第二，根据联合国贸易与发展会议"建立新一代投资政策框架"的要求，结合中国国情制定合理的利用外资和对外直接投资政策，使中国的外资政策、管理以及统计等方面都与国际接轨。联合国贸易与发展会议提出的以包容性增长和可持续发展为中心的"新一代"投资政策，主要目的在于吸引投资并从投资中获益。可持续发展要体现在国际、国家政策制定的各个层面，并要采取具体措施加以实施和运行。联合国贸易与发展会议的投资政策框架提供跨境投资政策指南，政策范围覆盖投资设立、投资待遇和投资促进等；此外，一个全面的框架不应只考虑投资政策本身，也需包括其他政策的投资相关内容。根据核心原则，政府制定投资政策首要目标是为实现共享式增长和可持续发展，政府要建立稳定、可预测和扶持性的投资环境，增强外资对可持续发展和包容性增长的影响；要从国家战略出发，保持政策的连贯性；投资政策应涵盖所有利益相关者，并嵌入到制度框架中，这个框架以法为基础并遵循公共管理的高标准，以确保投资程序的可预测性、有效性及透明性；为了整体的发展利益，投资政策应保持国家和投资者在权利与义务上的平衡；要定期评估政策的有效性和相关性，制定适时调整的动态政策。

第三，加强政策扶持和引导，将发展服务外包产业上升到战略高度。中国经济正处于转型升级的关键时期，发展服务外包产业，有助于中国经济的转型升级，有助于建立新型的开放经济体系，也有助培育服务贸易出口的新竞争优势。我们要进一步扩大服务业开放领域，提高服务业竞争水平，发展服务外包产业是一种必要的选择。因此，政府要营造服务外包产业健康发展的大环境，加强知识产权建设，完善各项法律法规；同时对服务外包产业提供政策和资金支持，帮助服务外包企业做大做强，重点扶持具有一定优势和规模的服务外包企业，推动优势企业的国际化，为服务外包企业的整合和利用全球资源提供便利的条件。然而最终要的是储备丰富优质的人力资源，人力资源是发展服务外包产业的根本，这也是服务业不同于制造业外包的所在。2012年全球服务外包发展报告中也曾指出，要推动服务外包行业的健康发展，首要的一步就要加强人才队伍建设。前文的实证分析结果也表明，某地区人力资源禀赋能够影响该地区承接服务外包的规模。因此政府要加大对服务外包人才培养教育的投入和扶持力度，完善高等教育和高职教育中的专业设置，鼓励服务外包企业引进中高端人才，并为中高端人才创造良好的工作生活环境。

第四，促进服务贸易、服务业 FDI 以及服务外包的协调发展。服务贸易、服务业 FDI 以及服务外包都分别包括"引进来"和"走出去"两部分。政府要平衡各方面的"引进来"和"走出去"问题，促进各方平衡和协调发展。一方面，服务贸易与服务业 FDI 之间会有相互影响。前文的实证研究表明，服务业利用外资水平以及服务业竞争优势是促进中国服务贸易出口的重要原因，同时也是扩大服务业 OFDI 的重要影响因素。服务业外资的引入可以带来先进的管理经验和管理人才，在增强国内竞争的同时，可以通过技术外溢效应促进国内服务企业的经营能力，提高本土服务企业的国内竞争力，并进一步提高国内服务企业在国际市场的竞争力。另一方面，服务业 FDI 与服务外包间也存在相互推动作用。前文实证研究还指出，服务业利用外资能够促进服务外包的发展，很多的服务外包项目是由服务业跨国公司设立的子公司引进并发包的，因此引进外资的同时，也能促进服务外包产业的发展。再者，离岸服务外包项目的引进能够提高服务贸易出口的层次和规模。离岸服务外包需求主要来自发达国家，最终要向发达国家出口。随着服务外包业务构成的高端化，那么高附加值服务贸易出口的占比也会逐步提高。因此，服务贸易、服务业 FDI 以及服务外包的齐头并进，协调发展对中国进一步扩大服务业开放，培育新型的开放经济体系，具有重要的作用。政府应着力完善服务业基础设施，创造良好的服务业发展环境。

6.2.2 从企业的角度

第一，要参与国际市场，企业必须主动提高生产率水平。在异质性企业贸易理论的框架下，我们通过对异质性服务企业国际市场进入模式以及国际生产组织模式的选择进行研究，并且利用中国服务企业的实践加以验证，发现生产率水平是决定企业行为选择的重要因素，也是企业参与国际市场的重要影响因素。企业要想"走出去"，在满足国内市场需求的同时，充分利用国际市场需求，就应该重视研发和科技创新投入，提高技术水平和要素使用效率，不断增强实力和市场竞争力，才能够分享巨大的国际市场需求，获得更大的市场份额。另外，企业要根据自身的生产率条件以及所处行业的行业特征决定以出口还是 FDI 的方式进入国际市场。同时企业在决定国际市场进入模式时，除了生产率条件要考虑之外，还要综合考虑其母国、行业以及自身拥有的所有权优势、内部化优势以及东道国区位优势等因素。实际上企业的生产率条件可以看作企业所有权优势的一部分。在各方面条件具备的情况下积极"走出去"，并选择正确的方式"走出去"，企业才能够在开拓国际市场、参与全球化的过程中获得丰厚回报。

第二，服务外包企业要转变发展模式，鼓励企业间的强强联合，发挥规模经济效应。目前服务外包市场呈现明显的中心—外围发展格局，美、欧、日等发达国家控制着全球 90% 以上的发包市场。近年来，我国服务外包产业人力成本持续攀升，同时在人民币升值影响下，企业利润率越来越低，难以继续依靠人力成本套利。同时，全球经济的低迷导致服务外包行业处于阶段性萎缩的状态。对市场反应敏感的较大服务外包企业开始调整发展战略，谋求新的出路。并购作为企业实现业务整合、快速扩张、抢占市场先机的重要途径，对企业实现规模效益、提升核心竞争力、逐步向产业链上游和高端转型具有重要意义。2012 年 8 月 10 日，文思信息技术有限公司和海辉软件（国际）集团公司宣布合并，文思和海辉选择强强联手、战略性合并发展。具备产业整合能力的服务外包企业可以通过并购的方式，突破规模限制，摆脱成本导向式发展模式，实现向价值导向式高端发展模式的转变。服务外包企业的整合，能够充分发挥规模化效应，加强服务外包企业的国际竞争力，加快服务外包企业向高端化发展。

第三，企业要根据自身所在行业的要素密集度来选择对外 FDI 的参与方式。对外 FDI 的进入模式主要有绿地投资和跨国并购两种，不同的 FDI 进入模式具有不同的优缺点，企业在做决策时要根据自身生产率水平以及自身所处行业特征，做出最优的选择。根据异质性服务企业绿地投资和跨国并购选择模型，在研发技术密集型行业，技术和知识是企业所具备的并且可以在国际间流动的核心能力，这样的行业中生产率较高的企业会选择跨国并购，而生产率较低的企业会选择绿地投资；而在人力资本密集型行业和广告营销密集型行业，人力资源和营销技术等企业核心能力不能在国际间流动，因此生产率较高的企业会选择绿地投资，而生产率较低的企业会选择跨国并购。根据国际经验，建筑业、旅馆和餐饮业属于人力资本和劳动密集型行业，这些行业属于异质性来源于不可流动能力的行业，即在进行 OFDI 时，企业拥有的经验和营销技术等是不可以在国际间转移，这样的行业中生产率较高的企业应该选择绿地投资的方式开展 OFDI。而金融业、健康和社会服务业属于研发技术和知识密集型行业，这样的行业中异质性主要来源于可流动能力，企业拥有的技术和知识等优势资源可以在国际间转移，这样的行业中生产率较高的企业会选择跨国并购的方式开展 FDI。中国各服务行业的企业在开展 OFDI 时，可借鉴这种国际经验。

第四，企业要主动加强人才的培养。无论服务企业要以出口，或者 FDI，或者外包的形式参与全球化，人才都是必不可少的因素。大多数的服务业属于人力资本密集型行业，没有充足的人力资本储备，服务企业的发展就会缺少根基。企业要主动和高等院校、高质院校增强合作，全方位培养人才。一方面，企业要加强基础人才的培养，服务企业要参与国际化，首先要过语言关，因此企业必须培养和提高员工的外语水平，提高员工的跨文化沟通能力，学习和了解目标国家的文化，企业员工具有一定程度的外语水平是企业开展对外交流活动的基础；另一方面，企业要培养具有一定管理能力的人才，目前中国承接的大部分离岸外包主要是位于价值链低端的信息技术外包（ITO），缺乏能够管理高端外包项目的人才和经验，而人才和经验的缺乏又反过来会制约业务流程外包（BPO）和知识流程外包（KPO）等高端项目的引进，因此，企业必须重视高端服务外包人才的培养。

参 考 文 献

[1] 白远、罗立彬等：《服务业国际直接投资——引进来与走出去》，中国金融出版社 2010 年版。

[2] 班允浩：《FDI 进入方式选择：绿地投资与跨国并购》，东北财经大学硕士学位论文，2004 年。

[3] 陈立敏：《贸易创造还是贸易替代——对外直接投资与对外贸易关系的研究综述》，载于《国际贸易问题》2010 年第 4 期，第 122～128 页。

[4] 陈恩、王方方、扶涛：《企业生产率与中国对外直接投资相关性研究——基于省际动态面板的实证分析》，载于《经济问题》2012 年第 1 期，第 58～63 页。

[5] 程惠芳、岑丽君：《FDI、产业结构与国际经济周期协动性研究》，载于《经济研究》2010 年第 9 期，第 17～28 页。

[6] 戴翔：《中国企业"走出去"的生产率悖论及其解释——基于行业面板数据的实证分析》，载于《南开经济研究》2013 年第 2 期，第 44～59 页。

[7] 顾露露、Robert Reed：《中国企业海外并购失败了吗?》，载于《经济研究》2011 年第 7 期，第 116～129 页。

[8] 黄玖立、冼国明：《企业异质性与区域间贸易：中国企业市场进入的微观证据》，载于《世界经济》2012 年第 4 期，第 3～22 页。

[9] 黄先海、石东楠：《对外贸易对我国全要素生产率影响的测度与分析》，载于《世界经济研究》2005 年第 1 期，第 22～26 页。

[10] 霍景东、黄群慧：《影响工业服务外包的因素分析——基于 22 个工业行业的面板数据分析》，载于《中国工业经济》2012 年第 12 期，第 44～56 页。

[11] 江小涓：《服务外包：合约形态变革以及理论蕴意——人力资本市场配置及劳务活动企业配置的统一》，载于《经济研究》2008 年

第 7 期，第 4～11 页。

［12］江小涓等：《服务全球化与服务外包：现状、趋势及理论分析》，人民出版社 2008 年版。

［13］李春顶：《中国出口企业是否存在生产率悖论：基于中国制造业企业数据的检验》，载于《世界经济》2010 年第 7 期，第 64～81 页。

［14］李春顶、赵美英：《出口贸易是否提高了我国企业的生产率？——基于中国 2007 年制造业企业数据的检验》，载于《财经研究》2010 年第 4 期，第 14～24 页。

［15］李春顶、唐丁祥：《出口与企业生产率：新新贸易理论下的我国数据检验（1997～2006）》，载于《国际贸易问题》2010 年第 9 期，第 13～22 页。

［16］李春顶：《出口贸易，FDI 与我国企业的国际化路径选择》，载于《南开经济研究》2009 年第 2 期，第 15～28 页。

［17］李俊江、孙黎：《中国企业国际生产组织模式选择及实证分析》，载于《吉林大学社会科学学报》2013 年第 11 期，第 21～31 页。

［18］李磊、郑昭阳：《议中国对外直接投资是否为资源寻求型》，载于《国际贸易问题》2012 年第 2 期，第 146～157 页。

［19］李泳：《中国企业对外直接投资成效研究》，载于《管理世界》2009 年第 9 期，第 34～43 页。

［20］李元旭、谭云清：《国际服务外包下接包企业技术创新能力提升路径——基于溢出效应和吸收能力视角》，载于《中国工业经济》2010 年第 12 期，第 66～75 页。

［21］李卓、刘杨、陈永清：《发展中国家跨国公司的国际化战略选择：针对中国企业实施"走出去"战略的模型分析》，载于《世界经济》2006 年第 11 期，第 11～23 页。

［22］李杨、蔡春林：《中国服务贸易发展影响因素的实证分析》，载于《国际贸易问题》2008 年第 5 期，第 75～79 页。

［23］李坤望、王永进：《契约执行效率与地区出口绩效差异》，载于《经济学（季刊）》2010 年第 3 期，第 1007～1028 页。

［24］刘迎秋、张亮、魏政：《中国民营企业"走出去"竞争力 50 强研究——基于 2008 年中国民营企业"走出去"与竞争力数据库的分析》，载于《中国工业经济》2009 年第 2 期，第 5～14 页。

［25］刘兴凯、张诚：《中国服务业全要素生产率增长及其收敛分析》，载于《数量经济技术经济研究》2010 年第 3 期，第 55 ~ 67 页。

［26］卢锋：《服务外包的经济学分析：产品内分工的视角》，载于《北京大学出版社》2007 年版。

［27］卢锋：《当代服务外包的经济学观察：产品内分工的分析视角》，载于《世界经济》2007 年第 8 期，第 22 ~ 35 页。

［28］卢锋：《我国承接服务外包问题研究》，载于《经济研究》2007 年第 9 期，第 49 ~ 61 页。

［29］马述忠、郑博文：《中国企业的出口行为与生产率关系的历史回溯 2001 ~ 2007》，载于《浙江大学学报》（人文社会科学版）2010 年第 7 期，第 8 ~ 17 页。

［30］裴长洪、樊瑛：《中国企业对外直接投资的国家特定优势》，载于《中国工业经济》2010 年第 7 期，第 45 ~ 54 页。

［31］裴长洪、郑文：《国家特定优势：国际投资理论的补充解释》，载于《经济研究》2011 年第 11 期，第 21 ~ 35 页。

［32］彭国华：《双边国际贸易引力模型中地区生产率的经验研究》，载于《经济研究》2007 年第 8 期，第 123 ~ 132 页。

［33］孙黎：《异质性企业国际生产组织模式选择研究》，吉林大学博士论文 2012 年。

［34］汤二子、李影、张海英：《异质性企业，出口与"生产率悖论"——基于 2007 年制造业企业层面的证据》，载于《南开经济研究》2011 年第 3 期，第 79 ~ 96 页。

［35］田巍、余淼杰：《企业生产率和企业"走出去"对外直接投资：基于企业层面数据的实证研究》，载于《经济学（季刊）》2012 年第 2 期，第 383 ~ 408 页。

［36］王方芳、扶涛：《中国对外直接投资的贸易因素——基于出口引致和出口平台的双重考察》，载于《财经研究》2013 年第 4 期，第 91 ~ 101 页。

［37］王洛林：《全球化：服务外包与中国的政策选择》，经济管理出版社 2010 年版。

［38］王恕立、胡宗彪：《中国服务业分行业生产率变迁及异质性考察》，载于《经济研究》2012 年第 4 期，第 15 ~ 27 页。

［39］王永进、李坤望：《研发密集度与跨国公司组织模式选择——基于金融市场摩擦的分析》，载于《世界经济研究》2009年第10期，第68～75页。

［40］薛求知、郑琴琴：《服务型跨国公司的出现及扩张动因》，载于《世界经济研究》2002年第5期，第52～57页。

［41］姚战琪：《工业和服务外包对中国工业生产率的影响》，载于《经济研究》2010年第7期，第91～102页。

［42］杨春妮：《全球服务业直接投资：理论与实证》，中国经济出版社2007年版。

［43］杨勇：《中国服务业全要素生产率再测算》，载于《世界经济》2008年第10期，第46～55页。

［44］易靖韬、傅佳莎：《企业生产率与出口：浙江省企业层面的证据》，载于《世界经济》2011年第5期，第74～92页。

［45］杨瑞龙、刘刚：《企业的异质性假设和企业竞争优势的内生性分析》，载于《中国工业经济》2002年第1期，第88～95页。

［46］原毅军、刘浩：《中国制造业服务外包与服务业劳动生产率的提升》，载于《中国工业经济》2009年第5期，第67～76页。

［47］殷凤：《中国服务贸易比较优势测度及其稳定性分析》，载于《财贸经济》2010年第6期，第81～88页。

［48］朱延珺、李宏兵：《异质性企业国际转移的动力机制与路径选择——HFT模型和NEG模型的拓展及验证》，载于《国际贸易问题》2011年第10期，第48～59页。

［49］赵忠秀、吕智：《企业出口影响因素的研究述评——基于异质性企业贸易理论的视角》，载于《国际贸易问题》2009年第9期，第123～128页。

［50］张建红、周朝鸿：《中国企业走出去的制度障碍研究——以海外收购为例》，载于《经济研究》2010年第6期，第80～92页。

［51］张莉、张为付：《企业外包决定因素的研究——基于微观行为的理论分析》，载于《南京社会科学》2013年第5期，第15～21页。

［52］张为付、李逢春：《对外直接投资决定因素的演进——FDI决定理论研究新进展》，载于《国际贸易问题》2011年第4期，第162～174页。

［53］张燕、谢建国:《出口还是对外直接投资:中国企业"走出去"影响因素研究》,载于《世界经济研究》2012 年第 3 期,第 63~69 页。

［54］张月友、刘丹鹭:《逆向外包:中国经济全球化的一种新战略》,载于《中国工业经济》2013 年第 5 期,第 70~82 页。

［55］赵春明、何艳:《从国际经验看中国对外直接投资的产业和区位选择》,载于《世界经济》2002 年第 6 期,第 38~41 页。

［56］谢杰、刘任余:《基于空间视角的中国对外直接投资的影响因素与贸易效应研究》,载于《国际贸易问题》2011 年第 6 期,第 66~74 页。

［57］徐雪、谢玉鹏:《我国对外直接投资区位选择影响因素的实证分析》,载于《管理世界》2008 年第 4 期,第 167~168 页。

［58］Abraham, K. G., and Taylor S. K., (1996), Firms' Use of Outside Contractors: Theory and Evidence ［J］. Journal of Labor Economics, 14: 394 –424.

［59］Amiti, M., and Shang – Jin Wei (2005), Fear of Service Outsourcing: Is It Justified? ［J］. Economic Policy, 20: 307 – 347.

［60］Antràs, Pol (2003), Firms, Contracts, and Trade Structure ［J］. Quarterly Journal of Economics, 118 (4): 1375 –1418.

［61］Antràs, P., and Helpman E., (2004), Global Sourcing ［J］. Journal of Political Economy, 112 (3): 552 –580.

［62］Antràs, P., (2005), Incomplete Contracts and the Product Cycle ［J］. American Economic Review, 95 (4): 1054 –73.

［63］Antràs, P., Luis Garicano and Esteban Rossi – Hansberg. (2006), Offshoring in a Knowledge Economy ［J］. Quarterly Journal of Economics. 121: 1, 31 – 77.

［64］Antràs, P., Mihir Desai, and C. Fritz Foley, (2009). Multinational Firms, FDI Flows and Imperfect Capital Markets ［J］. Quarterly Journal of Economics, 124 (3): 1171 –1219.

［65］Antràs, P., and Helpman, E., (2008), Contractual Frictions and Global Sourcing, In The Organization of Firms in a Global Economy ［M］. Elhanan Helpman, Verdier, T, and Marin, D, 9 –54. Cambridge, MA: Harvard University Press.

［66］Baldwin, E. M. and Richard E. （2005）, Heterogeneous Firms and Trade: Testable and Untestable Properties of the Melitz model ［R］. NBER Working Paper No. 11471.

［67］Baldwin, E. M. （2011）, Labor Immigration and Labor Markets in the GCC Countries: National Patterns And Trends ［R］. Kuwait Programmed on Development, Governance and Globalization in the Gulf States, No. 15.

［68］Ball C. A. and Tschoegl A. E. （1982）. The Decision to Establish a Foreign Bank Branch or Subsidiary ［J］. Journal of Financial and Quantitative Analysis, 17 （3）: 411 – 424.

［69］Bardi, Edward J. and Tracey, Michael （1991）, Transportation Outsourcing: A Survey of U. S. Practices ［J］. International Journal of Physical Distribution and Logistics Management, 21: 15 – 21.

［70］Bartel, Ann, Saul Lach and Nachum Sicherman （2005）, Outsourcing and Technological Change ［R］. NBER Working Paper No. 11158.

［71］Bernard, A. B. , and J. Bradford Jensen （1999）, Exceptional Exporter Performance: Cause, Effect, or Both? ［J］. Journal of International Economics, 47: 1 – 25.

［72］Bernard, A. B. , and Jensen, J. B. , （2004）, Why Some Firms Export ［J］. Review of Economics and Statistics, 86: 561 – 569.

［73］Bernard, A. B. , Jensen, J. B. , and Schott, P. K. , （2007）, Comparative Advantage and Heterogeneous Firms ［J］. Review of Economic Studies, 74 （1）: 31 – 66.

［74］Bernard, A. B. , Jensen, J. B. , and Schott, P. K. , （2009）. Importers, Exporters, and Multinationals: A Portrait of Firms in the U. S. that Trade Goods ［M］. Producer dynamics: New evidence from micro data, University of Chicago Press, 513 – 552.

［75］Bernard, A. B. , Eaton, J. , Jensen, J. B. and Kortum, S. （2003）, Plants and Productivity in International Trade ［J］. American Economic Review, 93: 1268 – 1290.

［76］Bhagwati, Jagdish, Arvind Panagariya and T. N. Srinivasan （2005）, The Muddles over Outsourcing ［J］. Journal of Economic Perspec-

165

tives, 18: 93 – 114.

[77] Bolton, Patrick and Mathias Dewatripont (2005), Contract Theory [M]. Cambridge, MA: The MIT Press.

[78] Biesebroeck, J. V. , (2005). Exporting raises productivity in sub – Saharan African manufacturing firms [J]. Journal of International Economics, 67 (2): 373 – 391.

[79] Bigsten, A. , and Collier, P. , (2004). Do African Manufacturing Firms Learn from Exporting? [J] The Journal of Development Studies, 40 (3): 115 – 141.

[80] Borga, Maria and William J. Zeile (2004), International Fragmentation of Production and Intra – firm Trade of U. S. Multinational Companies [R]. NBER Working Paper 2004 – 02.

[81] Bustos, P. , (2005). Rising Wage Inequality in the Argentinean Manufacturing Sector: The Impact of Trade and Foreign Direct Investment on Technology and Skill Upgrading [M]. Harvard University.

[82] Costinot, A. , (2005). Contract Enforcement, Division of Labor, and the Pattern of Trade [M]. Princeton University.

[83] Cheung Y. , and Qian, X. W. , (2009). The Empirics of China's Outward Direct Investment [J]. Pacific Economic Review, 14 (3): 312 – 341.

[84] Chin Hee Hahn, (2005). Exporting and Performance of Plants Evidence from Korean Manufacturing [C]. International Trade in East Asia, NBER – East Asia Seminar on Economics, 14. University of Chicago Press.

[85] Das, Mita, Mark J. Roberts and James R. Tybout (2005). Market Entry Costs, Producer Heterogeneity and Export Dynamics [R]. NBER Working Paper P. 8629.

[86] Delgado, Miguel A. , Jose C. Fariñas, and Sonia Ruano (2002). Firm Productivity and Export Markets: A Non – Parametric Approach [J]. Journal of International Economics, 57: 397 – 422.

[87] Dunning, J. H. , (1980). Towards an Eclectic Theory of International Production: Some Empirical Tests [J]. Journal of International Business Studies, 2: 9 – 31.

[88] Dunning, J. H. , (2001). The Eclectic (OLI) Paradigm of International Production: past, Present and Future [J]. International journal of the economics of business, 8 (2): 173 – 190.

[89] Dunning, J. H. , (1988). The Eclectic Paradigm of International Production: A Restatement and Some Possible Extensions [J]. Journal of International Business Studies, 19 (1), pp. 1 – 31.

[90] Dunning, J. H. , (1981). Explaining the International Direct Investment Position of Countries: Towards a Dynamic or Developmental Approach [J]. Weltwirtschaftliches Archiv, 117 (1): 30 – 64.

[91] Dunning, J. H. , (1989). Multinational Enterprises and the Growth of Services: Some Conceptual and Theoretical Issues [J]. Service industries journal, 9 (1): 5 – 39.

[92] Dunning, J. H. and Alison McKaig – Berliner, (2002). The geographical sources of competitiveness: the professional business services industry [J]. Transnational Corporations, 11 (3): 1 – 38.

[93] Eaton, J. , Samuel K. and Francis K, (2004). Dissecting Trade: Firms, Industries, and Export Destination [J]. American Economic Review, 94: 150 – 154.

[94] Ekholm, Karolina, Rikard Forslid, and James R. Markusen (2004). Export – Platform Foreign Direct Investment [M]. University of Colorado.

[95] Feenstra, Robert C. (1998). Integration of Trade and Disintegration of Production in theGlobal Economy [J]. Journal of Economic Perspectives, 12: 31 – 50.

[96] Feenstra, Robert C. (2003). Advanced International Trade [M]. Princeton: Princeton UniversityPress.

[97] Feenstra, Robert C. and Gordon H. Hanson (1996). Globalization, Outsourcing, and Wage Inequality [J]. American Economic Review, 86: 240 – 245.

[98] Feenstra, Robert C. and Gordon H. Hanson (2005). Ownership and Control in Outsourcing to China: Estimating the Property – Rights Theory of the Firm [J]. Quarterly Journal of Economics, 120: 729 – 761.

167

[99] Feenstra, Robert C. and Barbara J. Spencer (2005). Contractual Versus Generic Outsourcing: The Role of Proximity [M]. University of California, Davis.

[100] Goldberg L. G. and Saunders A. , (1981). The Determinants of Foreign Banking Activity in the United States, Journal of Banking & Finance, 5 (1): 17 -32.

[101] Grossman, Sanford J. , and Oliver D. Hart (1986). The Costs and Benefits of Ownership: A Theory of Vertical and Lateral Integration [J]. Journal of Political Economy, 94 (4): 691 -719.

[102] Grossman, Gene M. and Elhanan Helpman (2002). Integration versus Outsourcing in Industry Equilibrium [J]. Quarterly Journal of Economics, 117: 85 -120.

[103] Grossman, Gene M. and Elhanan Helpman (2003). Outsourcing versus FDI in Industry Equilibrium [J]. Journal of the European Economic Association, 1: 317 -327.

[104] Grossman, Gene M. and Elhanan Helpman (2004), Managerial Incentives and the International Organization of Production [J]. Journal of International Economics, 63: 237 -262.

[105] Grossman, Gene M. and Elhanan Helpman (2005), Outsourcing in a Global Economy [J]. Review of Economic Studies, 72 (1): 135 -159.

[106] Grossman, Gene M. , Elhanan Helpman and Adam Szeidl (2005), Complementarities Between Outsourcing and Foreign Sourcing [J]. American Economic Review, 95: 19 -24.

[107] Grossman, Gene M. , Elhanan Helpman and Adam Szeidl (2006), Optimal Integration Strategies for the Multinational Firm [J]. Journal of International Economics. 70 (1): 216 -238.

[108] Hall, R. E. and Jones, C. I. , (1999), Why do Some Countries Produce So Much More Output than Others [J]. The Quarterly Journal of Economics, 114: 83 -116.

[109] Hanson, Gordon H. , Raymond J. Mataloni, Jr. and Matthew J. Slaughter (2005), Vertical Production Networks in Multinational Firms

[J]. The Review of Economics and Statistics, 87 (4): 664 –678.

[110] Hanson, G. H. , Xiang Chong (2008), Testing the Melitz Model of Trade: an Application to U. S. Motion Picture Exports [R]. NBER Working Paper, No. 14461.

[111] Head, K. and Ries J. , (2003), Heterogeneity and the FDI versus Export Decision of Japanese Manufacturers [J]. Journal of the Japanese and International Economies, 17 (4): 448 –467.

[112] Helpman, E. , (1981), International Trade in the Presence of Product Differentiation, Economies of Scale and Monopolistic Competition: A Chamberlin – Heckscher – Ohlin Approach [J]. Journal of International Economics 11: 305 –340.

[113] Helpman, E. (2006). Trade, FDI, and the Organization of Firms [J]. Journal of Economic Literature, Vol XLIV: 589 –630.

[114] Helpman, E. , and Paul R. Krugman (1985). Market Structure and Foreign Trade [M]. Cambridge, MA: The MIT Press.

[115] Helpman, E. , Melitz M. J. , and Yeaple, S. R. , (2004). Export versus FDI with Heterogeneous Firms [J]. American Economic Review, 94: 300 –316.

[116] Helpman, E. , Melitz, M. J. , and Rubinstein, Y. , (2004). Trading Partners and Trading Volumes [M]. Harvard University.

[117] Helpman, E. , Melitz, M. J. , and Rubinstein, Y. , (2008). Estimating Trade Flows: Trading Partners and Trading Volumes [J]. Quarterly Journal of Economics, 123 (2): 441 –487.

[118] Hummels, D. , Jun Ishii, and Kei – Mu Yi (2001). The Nature and Growth of Vertical Specialization in World Trade [J]. Journal of International Economics, 54: 75 –96.

[119] Jean, Sébastien (2002). International Trade and Firms' Heterogeneity under Monopolistic Competition [J]. Open Economies Review, 13: 291 –311.

[120] Khoury S. J. , (1979). International Banking: A Special Look at Foreign Banks in the U. S. , [J]. Journal of International Business Studies, 10 (4): 36 –42.

[121] Kumar N. (2004). Emerging TNCs: Trends, Patterns and Determinants of Outward FDI by Indian Enterprises [J]. Journal of International Economics, 63 (2): 237 – 262.

[122] Lall S. (1983). Multinationals in Indian Big Business: Industrial Characteristic of Foreign Investment in A Heavily Regulated Economy [J]. Journal of Development Economics, 13: 143 – 157.

[123] Landefeld, J. Steve and Raymond Mataloni (2004). Offshore Outsourcing and Multinational Companies [M]. Presentation at the Brookings Institution.

[124] Li and Moshirian, F. , (2004). International Investment in Insurance Services in the US [J]. Journal of Multinational Financial Management, 14 (3): 249 – 260.

[125] Liu, X. H. , Buck, T. and Shu, C. , (2005). Chinese economic development, the next stage: outward FDI? [J]. International Business Review, 14 (1): 97 – 115.

[126] Lu, J. , Lu Y. and Tao Z. , (2010). Exporting Behavior of Foreign Affiliates: Theory and Evidence [J]. Journal of International Economics, 81 (2): 197 – 205.

[127] Moshiria F. , and Pham T. , (2000). Determinants of US Investment in Real Estate Abroad [J]. Journal of Multinational Financial Management, 10 (1): 63 – 72.

[128] Marin, Dalia und Verdier, Thierry, (2007). Competing in Organizations: Firm Heterogeneity and International Trade. Münchener Wirtschaftswissenschaftliche Beiträge (VWL) 2007 – 2020.

[129] Marin, Dalia und Verdier, Thierry, (2008). Power Inside the Firm and the Market: A General Equilibrium Approach [J]. Journal of the European Economic Association, 6 (4): 752 – 788.

[130] Markusen, J. R. , (2005). Modeling the offshoring of White – Collar Services: From Comparative Advantage to the New Theories of Trade and FDI [R]. NBER Working No. 11827.

[131] Maurin, E. D. , Thesmar, D. , Thoenig, M. , (2002). Globalization and the Demand for Skill: An Export Channel [R]. CEPR Discus-

sion Paper 3406, Centre for Economic Policy Research.

[132] McLaren, John (2000). Globalization and Vertical Structure [J]. American Economic Review, 90: 1239 – 1254.

[133] Melitz, Marc J. (2003), The Impact of Trade on Intra – Industry Reallocations and Aggregate Industry Productivity [J]. Econometrica, 71 (6): 1695 – 1725.

[134] Melitz, M. J. and Ottviano, G. I. P., (2008). Market Size, Trade and Productivity [J]. Review of Economic Studies, 75: 295 – 316.

[135] Melitz, M. J. and Ghironi, F., (2005). International Trade and Macroeconomic Dynamics with Heterogeneous Firms [J]. The Quarterly Journal of Economics, 120 (3): 865 – 915.

[136] Mayer, T., Melitz, M. J. and Ottviano, G. I. P., (2010). Market Size, Competition and the product mix of exporters. [R]. National Bank of Belgium Working Papers.

[137] Mayer, T., Mejean, I. and Nefussi, B. (2010). The location of domestic and foreign production affiliates by French multinational firms [J]. Journal of Urban Economics, 68: 115 – 128.

[138] Mengista, T., and Pattillo, C., (2004). Export Orientation and Productivity in Sub – Saharan Africa [J]. IMF Staff Papers, 51 (2): 327 – 353.

[139] Morck, R., Yeung, B and Zhao, M. Y., (2008). Perspectives on China's Outward Foreign Direct Investment [J]. Journal of International Business Studies, 39: 337 – 350.

[140] Neary, J. Peter (2003). Globalization and Market Structure [J]. Journal of the European Economic Association, 1: 245 – 271.

[141] Nigh D., Cho K. and Krishnan S., (1986). The Role of Location – Related Factors in U. S. Banking Involvement Abroad: An Empirical Examination [J]. Journal of International Business Studies, 17 (3): 59 – 72.

[142] Nocke, V., Yeaple S., (2007). Cross – border Mergers and Acquisitions vs. Greenfield Foreign Direct Investment: The Role of Firm Heterogeneity [J]. Journal of International Economics, 72: 336 – 365.

[143] Nunn, N., and Trefler, D., (2008). The Boundaries of the Mul-

tinational Firm: An Empirical Analysis [M]. In: Helpman E, Marin D, Verdier T The Organization of Firms in a Global Economy. Cambridge: Harvard University Press. 55 – 83.

[144] Nunn, N., and Trefler, D., (2013). Incomplete contracts and the boundaries of the multinational firm [J]. Journal of Economic Behavior & Organization, 94 (10): 330 – 344.

[145] Slangen, Arjen and Hennart, J. F. (2007). Greenfield or AcquisitionEntry: A Review of the Empirical Foreign Establishment Mode Literature [J]. Journal of International Management, 13: 403 – 429.

[146] Spencer, Barbara J. (2005). International Outsourcing and Incomplete Contracts [J]. Canadian Journal of Economics 38, pp. 1107 – 1135.

[147] UNCTAD (2002). World Investment Report: Transnational Corporations and Export Competitiveness [R].

[148] Wang, C. Q., Hong, J. J. and Kafouros. M., (2012). What Drives Outward FDI of Chinese Firms: Testing the Explanatory Power of Three Theoretical Frameworks [J]. International Business Review, 21 (3): 425 – 38.

[149] Wells, L. T. (1983). Third World Multinationals: The Rise of Foreign Investment from Developing Countries [M]. Cambridge, MA: MIT Press.

[150] Weinstein, A. K., (1977). Foreign Investment by Services Firms: The Case of the Multinational Advertising Agency [J]. Journal of International Business Studies, 8 (1): 83 – 92.

[151] Yang, M., (2009). Isomorphic or not? Examining cross – border mergers and acquisitions by Chinese firms, 1985 – 2006 [J]. Chinese Management Studies, 3 (1): 43 – 57.

[152] Yao, S. J., Sutherland, D. and Chen, J., (2010). China's Outward FDI and Resource – Seeking Strategy: A Case Study on Chinalco and Rio Tinto [J]. Asia – Pacific Journal of Accounting & Economics, 17: 313 – 326.

[153] Yeaple, S. R., (2003). The Complex Integration Strategies of Multinationals and Cross Country Dependencies in the Structure of Foreign Direct Investment [J]. Journal of International Economics, 60: 293 – 314.

[154] Yeaple. S. R. , (2005). Firm Heterogeneity, International Trade and Wages [J]. Journal of International Economics, 65: 1 – 20.

[155] Yeaple, S. R. , (2006). Offshoring, Foreign Direct Investment, and the Structure of U. S. Trade [J]. Journal of the European Economic Association, 4 (2 –3): 602 –611.

[156] Yeaple S. R. , (2009). Firm Heterogeneity and the Structure of U. S. Multinational Activity [J]. Journal of International Economics, 78 (2): 206 –215.

[157] Yeats, Alexander J. (2001). Just How Big Is Global Production Sharing? [M] in Arndt, Sven W. and Henryk Kierzkowski, eds. , Fragmentation: New Production Patterns in the World Economy, Oxford: Oxford University Press.